翻新生命

建構幸福、轉化困境的 43 帖良方

「監獄先生」**黃明鎮** 牧師／著

「本書為《喜樂良鑰：暫停焦慮，勝過苦楚，活出健康的超幸福漸進式》一書增訂版」

目錄

Part 2

自我調整

先讓自己的心謙卑，才能聽進建言，並聽到做到。
多一點「利他」想法，有度量去愛那些不可愛的人。
生活步調回歸正軌，正向目標讓生命更有意義。

Part 3

與人合作

要經營人際，要關心他人，不要只想著成為焦點。
一己之力微薄，但眾志成城，人一多，能力就大了。
相愛容易相處難，「妥協的藝術」為家人關係加分。

從死囚學到什麼？

● 生命是一片雲霧，濃淡不定，隨時可能就不見！珍惜今天，也要樂於犧牲奉獻！

● 死有輕於鴻毛，重於泰山：有些人對社會了無貢獻，生不如死，活著，一點價值都沒有。

特別收錄

活出積極幸福的正向人生

推薦序1 ▼ **張俊雄**（總統府資政、前行政院長）

二〇〇八年五月，我甫從行政院長卸任，就受到神的感動，促使我前往「更生團契」做志工。

擔任更生團契志工的這些年來，我經常與本書的作者黃明鎮牧師到全國各地，包括外島地區的監獄與看守所，不為別的，就是去關懷囚犯，像青少年、菸毒犯與死刑犯等，都是我們關懷的對象。我們的主要目的是一致的，無非就是想幫助這些犯過錯的人，將他們帶領到一個正確的人生方向，讓他們能因為信耶穌，告別過去的自己，成為一個新造的人。

最讓我感到佩服的是，黃牧師雖然責任大、工作忙，但一向很注重身心靈的保健工作。在身體保養方面，他早睡早起，生活作息規律外，尤其注重建立良好的飲食習慣，我發現，像是煎、炒、烤、燒、炸的東西，他幾乎通通忌口，非不得已，不會隨便亂吃。所以和他在一起工作，四處奔走去關心有需要的人時，到了用餐、需要外食的時間，我通常都會參考黃牧師點了什麼來吃，然後，我也就跟著他點那些東西，因為我曉得「吃得對」是維持健康的關鍵原則之一。

在做監獄心靈教化工作約六年之久後，我曾經抒發一些心中的感想，並由賴樹明教授執筆，集結成冊，出版了《擁抱生命：從閣揆到終身志工》一本書。在那本書裡頭，我其實也有談到「如何讓自己在短暫的人生中，回應神崇高的呼召，與過簡單的生活（high calling, simple living）」。畢竟，人的生命是非常短暫的，或許七十年、八十年，了不起九十年、一百年，要怎麼善用一生非常重要。在短暫的人生旅途上，除了要看重身體的健康之外，也要看重心靈的需要與更新。

黃牧師是個生命的奉獻者，他從美國回臺服務的三十幾年，一直致力從事犯罪的預防、矯正與修復等工作。他不僅關心社會上的弱勢，對於社會上的一般大眾也有所用心，更希望每一個人都能從神那裡領受福氣，好讓身心靈都健康，並活出積極又幸福的正向人生。

這本書一再強調的是，追求靈性的充實與滿足的同時，也要常保心理的積極與正向，當然，身體健康更是不可或缺。當一個人的身心靈都舒暢健全，便能像黃牧師一樣，活得在地如同在天了。我鄭重推薦這本書，或許每個人都能從書中得到一些啟示和亮光，活得比眼前更積極更幸福。

推薦序2 ▼ 許福生（中央警察大學法律系教授兼系主任）

讓身心靈都充實又健康

「喜樂的心乃是良藥，憂傷的靈使骨枯乾。」這段話正是作者黃牧師工作與生活的最佳寫照。他每天以喜樂的心面對壓力和挑戰，特別是在輔導更生人的過程中。黃牧師亦懂得取之於社會，用之於社會，從不吝惜付出與給予，愛終究能在無形之中增進人的免疫力，也讓他身心靈都更健康。

黃牧師將多年的體驗書寫成文字，告訴大家要對健康有信心，要對細胞心戰喊話，小信心能移山倒海。杞人憂天會讓人更厭世，得適時紓解壓力，以免讓壓力變成殺傷力。最重要的是，懂得寬恕別人，學習釋懷，並知道苦難是化妝的祝福。盡可能讓自己成為剛強的人，掙脫壞習慣的綑綁，活出新的人生。

我特別喜歡書裡的「NEW START」原則，即是注意營養均衡、適度運動、喝乾淨的水、照點陽光、要有節制、呼吸新鮮空氣、充分休息、好的信仰帶來好的心情等，不管過去身體狀況是好是壞，透過以上原則，調整生活節奏，持之以恆地執行下去，就能看到實效。若能再加上「A」和「B」兩關鍵，也就是常存感恩的心與有愛心樂於助人，人人均有機會有新的開始。不過，知道是知道，能不能做到，還是得看自己，倘若完全不想調整，誰來逼迫都沒有用。

健康追求的不只是身體方面的，在心與靈層面更要達成，藉由書裡的「三十六計」充實自己的內在與外在，自然能活出美好，活得神采飛揚，不僅無病無痛，更能達到無憂無慮的境界。說真的，書裡很多的祕訣，做起來都不算困難，只要有心，任何人都可以做到。當身心靈都幸福了，自然能像牧師一樣，喜樂的過日子，喜樂的幫助人，喜樂的成為別人的祝福。

推薦序3▼葉歡（知名演員）

喜樂的心乃是良藥

第一次見到黃牧師本人，是在午後的南京東路上。那時，我正要過馬路，綠燈剛起步，一抬頭就看見一位滿頭華髮、身材結實卻硬朗的長者迎面而來，雖然，過去就曾在電視上看過黃牧師的專訪，知道他的樣子，但當面看見的溫文儒雅、氣宇非凡，還是令人屏息了五秒鐘。

他略為黝黑的臉龐上，有著一雙透露著光芒的眼睛，完全無毒無汙染的閃亮，讓人即使不熟識，依舊忍不住的微笑以報。錯身之後，還回頭多看了幾眼。潛意識裡不禁發出讚嘆：此人乃是大內高手，精氣神飽滿，還透著一種世上男子少有的聖潔馨香之氣。第一次見到黃牧師，就在我腦海留下深刻印象。

後來，藉著好消息頻道的〈真情部落格〉專訪，進一步認識黃牧師，更知道他這三十年來，將生命傾倒在上帝所託付的受刑人與更生人身上，更愛屋及烏的把愛擴大到他們的家人，與被害者受創心靈的修復，經年累月，不辭辛勞地奔走在全臺灣的各個監獄，向受刑人傳揚耶穌基督的救恩，甚至在地獄門口向死刑犯傳福音，還帶領信望愛學園的年輕孩子們騎獨輪車環島。每件事都從無到有、親力親為，更何況所接觸的人，大多生命複雜且破碎，牧師怎能還練就如此輕功，輕盈的行走人間？答案就在此書中，這是一本武功祕笈啊！

這是一個看一小時的新聞報導，就會讓人睡不安穩的年代，負面消息日以繼夜的追捕我們，偷去我們平安和快樂的能力。書中，黃牧師巧妙的把《聖經》的真理和他自己豐富的人生經歷編織起來，藉著三十六篇文章，和讀者輕鬆聊起在困難中，可以選擇的正向回應與方法。

言簡意賅，語輕卻心長，值得我們反覆思想，也藏著許多牧師為人處世的幽默感在裡頭。我讀到一段，是牧師前往監獄探訪前總統陳水扁時，陳前總統抱怨在獄中壓力很大、身體不適。牧師反問陳前總統知不知道三七五減租，並跟他分享「三七五減壓法」，也就是《聖經》〈詩篇〉（三十七篇第五節）中提到的，「當將你的事交託耶和華，並依靠祂，祂就必成全。」

每個人都該思考，倚靠什麼能讓生活壓力減弱，好維繫心理、生理、靈理的健康。我認為，能倚靠的對象應該是能力超越我們許多，也就是牧師所說的 big power。我想，就是主。

我喜歡聖經裡的一段話，「雖然無花果樹不發旺，葡萄樹不結果，橄欖樹也不效力，田地不出糧食，圈中絕了羊，棚內也沒有牛。然而我要因耶和華歡欣，因救我的神喜樂。」這句話強調要時時懷抱喜樂的心，正如牧師在字裡行間所提醒的。

推薦序4▼**林繼明**（前NBA球星林書豪的父親）

正向思維，正經人生

近日細讀了本書，非常感佩作者黃明鎮牧師將幾十年在監獄輔導受刑人的親身經驗，寫了這本書，以實際的經驗讓一般人了解在絕境裡，如何心轉、境轉和自我調整，建立好的人際關係，尋求對的人的幫助，才不致於一失足成千古恨，傷了父母的心也禍害了社會。

年輕人、父母都應該讀

這是一本不只是年輕人，也是為人父母都應該讀的書。因為人性是脆弱的，容易犯錯，犯了錯不要自我控告，學習勇敢地面對現實，才能釋懷。正如聖經寫的「立志行善由得我，行出來由不得我。」

書中提到，要有正確的觀念和毅力，壞習慣才能改，也以生活上的例子來解說。人的身體是父母生的，要好好珍惜，抽菸、喝酒、賭博、吸毒、嫖妓等等不良行為，都是毀壞身體的壞習慣，糟蹋耶和華所賜的產業。壞習慣只有自己才能改，自己要有毅力，別人是幫不了的。聖經寫道「身體是聖靈的殿，要保持聖潔，必須時時以此為戒。」也寫到保持身體健康的原則，就是平常的生活要保持忙碌、適度運動、飲食營養且均衡、作息有序、適當睡眠。有了健康的身體，才能助人為樂，才能活得有意義。

鍛鍊生命力

書中還提到，生命力是自己練出來的，也提到幾項有意義的生命力——勤快，勤能補拙、腳踏實地、勤能致富、一勤天下無難事，因為天下沒有白吃的午餐。要安守分寸，不要踰越規矩。成功了，不要過度膨脹自己，要展現成熟穩重的個性。多說正面讚美感恩的話，少說負面傷人批評的話。也不要認為能幫的事小，因為它可能會很有意義。只要心態對，人老心不老，可以繼續為別人付出，成為別人的榜樣，也成為別人的祝福，也是生命力的展現。當志工是愛心的投資，是智慧的抉擇，不求金錢報酬，只求大眾福址，給出的愛，收回更多的愛，把自己擁有的祝福，化成別人的祝福，這也是生命力的彰顯。

正面思維 生命力之本

另外，本書還寫到正面思維的重要，心中有愛，就不會有害人之心。思想影響情緒，情緒影響行為，所以先除去負面思想，才會有好的行為。也寫到不可貪愛不義之財，否則會急功近利，最後落得一窮二白，後悔莫及。

最後書中也提到增進夫妻關係的五個T，和減少孩子變壞的原則：「母親的陪伴、慈父的管教、家庭相親相愛並有良好互動。」

而本次的增修版自然也是依循這些原則，提供更多案例現身說法，榮神益人，相信可以幫助更多人，因此推薦給大家。

增訂版自序

洞察自己的健康心，是眞喜樂

在二〇一八年出版本書時，最初的目的只是分享自己對養生的心得，沒想到現代人對健康養生和保健都非常重視，使得我的看法開始受到更多人關注時，我深感如果能夠幫助更多人，那將是非常有意義的事情，這也給了我機會將這些想法出版成書。

而在二〇二〇年的一個聚會後，一位三十幾歲的男士告訴我，他讀了我的書四遍，並且因此擺脫了憂鬱症。我不是醫生，只是通過文字將一些觀念分享給他，沒想到能讓他的內心得到治癒。這眞是太神奇了！

更令我感到意外的是，今年，也就是二〇二三年，出版社竟然再次聯繫我，要求我增加更多內容，以便推出增修版，讓書籍更加豐富。這真是太好了！於是我在增修版當中新增了七篇文章，內容除了有疫情期間的甘苦談之外，還提到死因和更生人的案例，都是希望大家理解人生的真諦和幸福的意義，不要被表面的生老病死，以及一時的榮辱得失所迷惑；而應該回到內心，探求自己真正的需求，才是獲得真健康的唯一之道。

時至今日，雖然新冠病毒在全球肆虐三、四年後已經逐漸不再威脅人類，但也因此造成許多人喪生。當時，有一批教授和醫師在台北舉辦了一場大型活動，對病理和疫苗進行詳細的分析報告，我有幸聆聽三位醫師在台上分享相關方面的經驗。

當然，我依然維持一貫的健康信念，也就是：「喜樂的心才是良藥和良鑰」。因為無論是在美國還是台灣，我始終堅持不吃藥、不打針。即使有人建議我去打疫苗，我也堅持謝絕！在回到台灣服務的這三十五年中，我仍然堅守著這條健康之道：「以喜樂的心面對每一天，面對每一件事。」

當然，打針或吃藥並不是重點，真正重要的是我們是否能「每天保持一種健康的心態來面對生活。」就像基督徒物理學家牛頓所說的那樣，我也深信生命中三大最貴重的定律：

充實自己、幫助別人、榮耀上帝！

換句話說，每個人都應該對自己的身體有敏銳的洞察力。身、心、靈三者的平衡能夠帶來穩定與平靜，甚至因此進入更高的層次，讓我們的生命在地上如同在天上，使得「身細胞活化、心境穩固、靈能蹦跳，自然帶來喜樂和滿足。」因此，不僅不必經常去醫院，也不需要依賴藥物。因為心中的喜樂早已成為身體和心靈的良藥，不斷補給使得我們愈來愈健康、愈來愈強壯，軟弱變剛強、麻雀變鳳凰。

在此，提出幾個評估標準，讓讀者檢視自己目前的身、心與靈狀況，並參考書中提供的諸多案例的現身說法和其他秘訣，調整生活方式，可能會為整個生命帶全新的更新、變化和徹底改觀，勇敢地踏上一條嶄新且充滿活力的道路。

生理方面

- 我睡得著覺嗎？
- 我的胃口好嗎？
- 我的營養均衡嗎？有沒有偏食？
- 我喜歡吃煎、炒、烤、燒、炸的東西嗎？
- 我經常走動嗎？
- 我依賴藥物嗎？
- 我有很多壞習慣嗎？

心理方面

- 我心中常有重擔或憂慮嗎？

- 我常有笑容或總是愁容滿面？
- 我有辦法調適壓力嗎？
- 我會去旅行嗎？
- 我太過忙碌嗎？
- 我的人際關係好嗎？
- 我常發脾氣、埋怨他人嗎？

靈理方面

- 我的心裡擁有安全感嗎？
- 我有信仰或可以寄託的媒介嗎？
- 我的信仰要我花很多錢嗎？
- 我的信仰對別人有幫助嗎？
- 我的信仰能改善脾氣或減低貪欲嗎？
- 我的信仰能使我愈信愈喜樂嗎？
- 我了解生命的意義是什麼嗎？
- 我能勝過苦楚，視苦楚為祝福嗎？

我談身心靈的健康，是想提昇生活品質，不要一直為了一點小病，常常跑醫院打針吃藥，也不要為了牽掛一些事務，變得悶悶不樂，憂鬱寡歡，給自己許多壓力。我更不想讓教會的牧師、傳道，或其他為了理念而奉獻的人，因側重心靈的需要，而忽略身體的保養，讓身心靈失去平衡，提前告別世界。

身心靈都健康的指標是什麼？簡單來說，就是每天充實自己，活出美好，活得精神煥發、神采奕奕，克服病痛，無憂無慮，這裡去，那裡去，去分享恩典，幫助他人，去達成人活在這短暫地上年日的最高境界——成為別人的祝福。

Part 1

心轉境轉

「不如意事，十之八九」是人生不變定律，
先訓練自己不胡思亂想，因為杞人憂天往往更厭世。
再嘗試做心戰喊話，因為小信心就能移山倒海。

1 對健康有信心，對細胞喊話

健康等於是人的生命，失去健康，有些人也不想活了。健康更像愛一樣，沒有感受被愛的人，有時候連一天都活不下去。其實，天生我才必有用。有些人因種種因素，自幼身體弱不禁風，但若懂得調養，身體愈變愈硬朗並不是不可能的事。

我有幾個朋友都是因為後天調養得宜，克服了諸多病痛問題。像到處受邀演講健康之道，也出過健康保健類著作的吳永志醫師，他在年輕時得了肺病，還嚴重到幾乎要嗚呼哀哉，但經過一番認真的學習及調理，活到八十幾歲，看起來仍然像五十歲的壯年男子，健康而有活力。

人就算偶爾生了病，也不必擔心太多，類似流行感冒這種病，經常在發生，如果我們有足夠的信心，就會發現原來人身上有很多潛能，也包括修復能力，靠著那些功能的高度發揮，足以殺死病菌，並恢復健康。

我在美國工作時，去醫院看耳朵。因為以前在警察大學練習柔道時，與對手在榻榻米上壓制，翻來滾去，不小心弄破了左邊的耳膜。平常都沒什麼問題，聽力也沒什麼差，只要不下水游泳，不讓水跑進耳朵，都沒事，但一旦水跑進去，就會惹出中耳炎的麻煩。

醫生看了看，他認為「只要用一塊左耳後面的皮膚補上去，耳膜就會完整，之後就不會有這麼多麻煩事了」。他還花了不少時間檢查再檢查，評估再評估。我好奇問醫生「這手術的成功率有多高？」他說「50，50！」醫生雖然是叫我回家考慮考慮，但其實強烈建議我開刀。我心想，既然成功率是一半一半，何必平白受這個不必要的苦。所以就打電話給醫生，說不做手術了。幾年過去了，我的聽力沒有減少，只要注意不要讓水進入耳朵，都過得很平安，也沒有再發生過中耳炎的事。

甚至，更奇妙的事發生了。有一次去檢查耳朵，醫生說我的耳膜變完整了。我無法想像，本來破裂一個洞的耳膜，幾年過去，竟然還會自己長出來，自我療癒。但我並不敢因為這樣，就隨意下水、埋首在水中游泳，還是沿用多年來的狗爬式，免得水的重量及衝擊，壓破好不容易癒合的耳膜。

人的身體是父母生的，生命力卻是練出來的。平常對自己身體的健康有信心，就會活得有生趣，活得每個細胞都是蹦蹦跳跳的。人與生俱來就有抵抗力、免疫力及自癒力，所以很自然，當細菌入侵時，白血球及T細胞就特別活躍，傾全巢而出，對抗入侵的敵人。平時顧好身體，不隨便放浪形骸，或吃喝嫖賭，照理說，活出健康也不是什麼困難的事。

有健康，才有活下去的勇氣。不健康，真的會讓人很厭世。我有個更生的朋友，出獄後做保全，月薪雖不高，但也不至於撐不起家計。偏偏屢勸不聽，老是抽菸，搞到最後，百病叢生，高血壓、肝硬化，什麼都有。結了婚，生了四個孩子，幾年後，仍以離婚收場。工作不順，久病難癒，加上失去親情的支持，便寫了張紙條，燒炭自殺了。

對身體的健康有信心，就好像對自己的細胞心戰喊話，會讓細胞活化，這也是利用心理戰術，影響身體健康的一個小小撇步。

我試過。有一年，我帶一群小朋友從臺東搭船，準備前往綠島騎獨輪車，當時很多人擔心會暈船而不安。我告訴他們，如果不暈船，下船以後，馬上去吃綠島的監獄冰。沒想到，心戰喊話奏效，沒有一個人因暈船嘔吐，個個精神飽滿，下了船，騎著獨輪車，便到綠島街上吃冰店的噱頭「監獄冰」。

我有一個朋友，四十多年前在美國留學，到超市買菜時，看到東方人都會去拿免費的牛尾巴，覺得很稀奇，因為當時超市只知道美國人喜歡牛肉，對牛尾巴興趣缺缺，所以都直接把牛尾巴當廢物丟棄。後來，超市見有人喜歡，就以一磅半美元出售。不久，又調整成一磅一美元。近期已經是一磅七美元了。我會提這件事，是有人在吃了牛尾巴後，發現可以「重振雄風」，就鼓吹人去烹調牛尾巴，一傳十，十傳百，很多人嘗試後都發現有效，確實不假藥物就增進夫妻床笫樂趣，情感當然從此修復。

身體機能隨著年紀變大，衰敗是不爭的事實。但想讓衰老的速度減緩，甚至返老還童，如鷹展翅上騰，奔跑不困倦，行走不疲乏，耳目不昏花，精神不衰敗，自然也是極為可能的事。只要對自己有信心，別忘了小信心能移山倒海。好比我常對自己心理喊話「我要靠主得勝！」「我要剛強壯膽！」「我要靠主喜樂！」求祂的保護，求祂不要讓我生病，因為一生病我就無法出門去幫助人。到如今，我還活得好好的，天天以助人為樂，每天都是新的一天，都是恩典。

TIPS

- 人的身體是父母生的，生命力卻是練出來的。
- 對健康有信心，就好像對自己的細胞做心戰喊話。
- 小信心能移山倒海，杞人憂天只會更厭世。

2 調適壓力，必要時得先洩氣

壓力的來源很多，工作，婚姻，養兒育女，人群，同儕，課業，金錢，男女情感，生病等，這些勞苦重擔，若壓得人透不過氣時，就會造成很大的殺傷力。特別是久病不得醫治，難免讓人有厭世念頭，勝不過的，就會想盡辦法，尋求解脫。莘莘學子或因父母要求過高，非考滿分不可，或因自己好強，非名列前茅不可，要是目標沒辦法達成，上吊或跳樓的不勝枚舉。

我有一段時間在花蓮光復的「自強外役監獄」教替代役男「壓力調適」的課程。我找了很多資料，舉了很多例子，為的是告訴這些準備到監所服務的替代役男，到監獄之後，不只不能因為自己過去的不良生活習慣，影響到監獄的囚情，相反的，要把握機會去服務受刑人。

我授課的這些替代役男，多是國、高中畢業生，大學畢業的比較少。其實，能到監獄服務是難得的經歷。大部分的替代役男喜歡選擇到教育界服役，會被安排到監所服役的，大概是最後的選項。不先給心理建設，讓他們了解監獄工作是全世界壓力最大的，等實際踏入監獄服役，就可能得花很長時間適應。

警察大學以前有獄政系，後來改為犯罪防治系，畢業後，大多派到監獄服務。據統計，畢業服務多年後，在警大各科系中，生病離世比例最多的，就是那些在獄中長久服務的官員。其實，好久以前，英國泰晤士報早就統計出，三百六十行之中，壓力排行榜名列第一的就是「監獄的工作者」。

我自美返臺服務於更生團契超過三十年，主要從事監獄義務教化，還有青少年犯罪預防，及修復加害人與被害人兩造和解的工作。身為總幹事，我要負責的事務很多很多。剛接任時，辦公室只有四個工作人員，人少，所以會計得兼出納。要是會計請假一個禮拜，我得把兩種工作全部擔起來，因為其他同事各有自己的工作。我們還出版更生雜誌雙月刊，那些對外聯絡、募款等事宜，都要我親自出馬。算起來，我身兼五職。

剛開始，我還年輕（才四十四歲），畢竟在美國留學時，也吃過很多苦，受過一些磨練，身兼數職不算什麼。更生團契是基督教機構，是用信仰在教化監獄的人犯，因此我便利用一大早、八點剛上班的時候，和幾位同事一起靈修，讀經禱告。就算偶爾有人請假、遲到，我一個人也照樣靈修禱告。事隔多年，每天早上八點到十點這樣操練，工作雖然愈來愈多，但人員也愈來愈多

（增加了幾個同事），日子久了，受過諸多磨練，工作對我就不再是壓力，反而是一種享受了。

前幾年，阿扁總統剛被收押在臺北看守所，很多人問我「有沒有去看阿扁」。我說「我看不到」。因為他未定罪，身邊仍有國安人員在保護，看守所也嚴禁任何人接近他。不過，阿扁總統在裡面肯定壓力很大，曾貴為一國之君，後淪為階下囚，心境環境都有天壤之別，一定備受打擊。阿扁那些朋友知道我常去臺北看守所教化，就一直叫我找阿扁談談。

我和所方一提，他們為了保護卸任總統，都說不行。朋友再問我有沒有去，我只好告訴他們「除非阿扁主動找我，我才有機會見到他」。沒多久，阿扁總統就寫了紙條給戒護人員。他希望我去看他。所長看了紙條，便答應了。

和阿扁總統見面那天，雖然小桌子只坐了我和他，但四周站了五六個國安人員與戒護人員。寒暄幾句後，阿扁說胸口悶，肚子不舒服。我知道這是壓力大才有的病症。為了讓他放鬆下來，我用閩南語問他有沒有聽過三七五減租。阿扁說『我知啦！』然後，我說「我來告訴你一個減壓撇步，就是三七五！」我翻開聖經詩篇第三十七篇第五節，念給他聽「當將你的事交託耶和華，並依靠祂，祂就必成全。」我告訴他，把壓力全部交給上帝，讓祂替你承擔。壓力減輕，身體也會好一點。

不只坐牢的人會有壓力，世界上諸多問題都會給人帶來壓力。我喜歡觀看嬰兒，他們的四肢經常在動，除非肚子餓或生病，否則他們幾乎很少哭鬧。道理是，他們經常都有大人在照顧，全然把自己交託，就可以無憂無愁。阿扁會生病，就是壓力大到自己無法承擔，能夠懂得交託，就能輕鬆過日。

調適壓力的方法很多，對我而言，靈修與禱告是一種很有用的辦法。有人去購物，有人去喝酒，有人去旅行，或大睡一覺，或大哭一場，或倚靠信仰，這些也許都會短期見效。最重要的是，一定要願意去調適，而不是把壓力不斷的往上加，就像用壓力鍋，烹煮一段時間後，一定要先卸氣，要不然，很容易就會爆炸。

TIPS

- 壓力鍋也需要卸氣，否則一不小心就會爆炸。
- 像小嬰兒般把自己全然交託，就可以減憂解愁。
- 事前做好心理建設，別讓壓力變成殺傷力。

3 暫停焦慮，不要自己嚇自己

人剛出生就因為離開舒適的媽媽肚子，落到陌生助產士手上，求生本能高度發揮，就用嚎啕痛哭的方式，來表達自己的恐懼。人體機能設計也很奇妙，嬰兒透過放聲哀叫，肺部開始產生功能。所以說，呱呱墜地以來，人類就以恐懼面對人生的第一秒。其實，最後要離開世界時，有些人也會因為不知道身後要往哪裡去，而以極端恐懼的心情結束最後片刻。

在短暫的七、八十年歲月中，許多人怕孤單，怕窮，怕生病，怕老，怕醜，怕這怕那的，或天生個性和慣性想法而過度杞人憂天，以致焦慮、恐懼襲擊全身，搞得無法開心度日。從出生到生命結束，短短不過幾十年，像這樣怕東怕西，所謂「畏首畏尾，身餘其幾」的現象，就會應驗在人的身上。這樣一來，就是活在地上，像活在地獄，活得非常緊張非常痛苦。

我有一個典獄長同學，有次與全監員工去野外自強活動，一不小心，頭部被一隻虎頭蜂叮到。同事看到被叮咬處腫起來，趕快送他就醫。醫生給他打了一針，叫他好好休息就無礙。只是他聽人家說，被虎頭蜂叮到，可能會喪命，便開始擔心自己有生命危險，好幾天都輾轉反側，睡不好覺。

那陣子，我和另一位牧師剛好去監獄教化，因為是警大同期同學，自然與他多聊了一些。他談及虎頭蜂的事件時，我看到他心裡的焦慮恐懼，就告訴他別怕，吉人天相。我用我的信仰安慰他。告訴他，只要相信耶穌，上帝就會保佑他逢凶化吉，萬一真的命不夠大，非要撒手人寰不可，死後也可以被耶穌帶回天家。當天，我們就在他的辦公室裡為他禱告，並且為他做點水禮，讓他因信耶穌，做一個得救的基督徒。

事隔二十幾年，他已經七十七歲，仍然健在。其實，很多人的焦慮恐懼都不一定會發生，既然不一定會發生，那些焦慮都好像在作繭自縛，捆綁自己而已。適度地用信心釋放自己的焦慮，也是一個身心靈保健的祕訣。

一九七六年，我在美國加州首府居住的時候，東區出現 night rapist，即夜間強暴犯，一連幾個星期，好幾個婦女在家中受害，凶手究竟是誰，警察都毫無線索。那一段期間，幾乎每個獨自在家過夜的婦女，人人自危，深怕自己成為下一個目標。這種被害的危機意識算是自然反應，但除了家裡養狗，有男人戒護，或多加留意門窗等安全措施，其他還是防不勝防。該做的都已經做到，卻仍然會發生，也就沒輒了。還好，過沒多久，強暴犯不再出現，大家都鬆了一口氣。

萬萬沒想到，那強暴犯轉移陣地，又到別的城市犯案，這下子，也給另外那個城市的婦人帶來極大的威脅，而這些婦女除了多加戒備之外，也別無他法，就像外出，走在馬路上，除了遵守交通號誌，留意來車，馬路如虎口，我們也不曉得下一秒鐘會發生什麼事。

一九九五年，臺灣基督教界裡發生一件恐慌事件，一大群人因著閏八月，聽一個美國來的基督徒揚言說，中共飛彈會打到總統府，要趕快移民到貝里斯，還說神要在那裡留存餘種，保護這些基督徒不受傷亡。於是，基督教界開始產生紛爭，因為「恐共症」

而促使大家紛紛把教堂變賣，計畫移民到貝里斯，有些家庭夫妻看法不同，就鬧離婚，各奔東西。

事隔多年，那些搬到貝里斯去的，都覺得受騙，懊悔不已。而始作俑者，就是提出恐慌事件的人物，也因被人指責辱罵，自慚形穢，銷聲匿跡。這事件讓臺灣教會人士也學到一個寶貴的功課，就是不要危言聳聽，也不要自己嚇自己。

二〇〇六年的暑假，當時花蓮少年學園的老師們帶著三十個學生，利用二十天，騎獨輪車環島一千公里時，每天都不曉得會遇到什麼樣的天氣和狀況。只存著一顆單純的信心，我勉勵師生，不要為明天憂慮，因為明天自有明天的憂慮，一天的難處一天當就夠了。這個簡單的信念，讓我們環島成功，並且拍了一部得獎紀錄片《飛行少年》。我們的孩子們，從過去被人指責的「非行少年」，因為認真努力，完成使命，搖身一變，從惡名變美名，成為多人稱羨的獨輪勇士。

人生有很多不可預測的事，未雨綢繆是好事，但焦慮恐懼無濟於事。要知道「天塌下來有人頂」，也要相信塌下來也不一定會壓到自己。一點點信心能讓日子好過一點點。冥冥之中，吉人自有天相。人的身邊，似乎都有一位看不見的天使在護衛，我們不用自己去操心每天的福禍安危。

TIPS

- 危言聳聽，不只自己嚇自己，搞不好會噩夢成真。
- 未雨綢繆是好事，但焦慮恐懼，並無濟於事。
- 不要再為明天憂慮，因為明天自有明天的憂慮。

4 要寬容，饒恕他人的錯誤

人很容易記仇。自古以來，「君子報仇，三年未晚」「有仇不報非君子」似乎成了魔咒，一直困擾著人的心靈。只是冤冤相報何時了。以善報惡，化干戈為玉帛，化敵為友，才是真正解脫心靈捆綁的方法。

我以前在美國加州郡政府上班，負責各國難民的福利，也就是說難民一旦入境美國，不論是搭板船來或坐飛機來，只要有了美國政府核可的難民身分，每個月都要給他們固定的財務補助及糧票，數額則按他們家中人口的多寡，與實際收入狀況來決定。我手邊負責的個案，多則兩百多個，少的話也有一百五十個，大部分都是從越南來、講華語的難民。我因為聽懂廣東話，知道這些華裔越僑幾乎都用金子買船位，千方百計地想逃離越共統治。逃難時，受了很多的苦。來到美國後，有些人患有**PTSD**（創傷後壓力症候群），所以我在為他們服務時，如果未能滿足他們的要求，突發性的怒氣就會暴發在我身上。有個難民就對我極度不客氣，但我身為公務人員，算是公僕，也不能過度反應或回擊。只能多予以善意解釋，或默默承受。

有天，他打電話來，報告家中剛添了個男丁。我除了要給他多加福利外，還順便恭喜他。心想，這也是一個和解的好契機，於是就去市場冰櫃買了兩隻雞，特別在下班後拿到他家，囑咐他要好好煮給太太補身體。他看到我，極為驚訝，也極為感謝。不是因為那兩隻雞，畢竟兩隻雞也花不了什麼錢，而是我身為公務員，他若有事就來我辦公室談，或一通電話就好，我沒有必要大老遠去他家造訪，又送東西。不過，這點心意，感動了他的心。日後他來電，措辭與聲調都變得友善，與過去大相勁庭。

又一天，他打電話來說要搬去洛杉磯了。我便承諾把他的福利資料，轉給當地政府。後來，他說要來辦公室，我告訴他不必跑這一趟，同時保證一定會把移轉後續處理好。然而，他堅持要見我一面，我只好勉強同意。他來的時候，帶了一大包東西，說要送給我。我跟他說，公務員不能收受賄賂。他說，那是他自己釣的魚，不是買的，沒花到一毛錢，硬是要我收下。我拒絕不了，只好收下、跟同事分享，也帶了一條回家。

這事已過三十幾年，每當想起，我就會心懷感恩，一個頑梗的心靈，竟然因為兩隻雞，而變得如此柔和謙卑，「投魚報雞」實在是始料未及，截至目前為止，都讓我覺得不可思議。

我在更生團契關懷被害人時，也經歷到一件不可思議的事，是宜蘭的游媽媽。她唯一的兒子，十七歲那年的聖誕夜，在一個學校的操場烤肉時，和別群也在烤肉的學生起了爭執。游媽媽的兒子被一個十五歲的孩子一刀刺中心臟，送到醫院後搶救不及就過世了。

游媽媽非常非常的痛苦，想著自己的兒子與對方無冤無仇，為什麼凶手要這麼凶狠。甚至，想過在開庭的時候，用預藏在皮包裡的刀子，將凶手殺死，再結束自己的生命。但因更生團契長期關心，她逐漸轉念。有天，游媽媽問我：「殺我兒子的那個孩子，現在怎麼樣了？」

我告訴她，那個孩子待在少年觀護所時，我有去輔導與教化，後來法院判他九年的徒刑，也已經在服刑了。我感受到游媽媽的心情已經好轉，就接著問她，要不要去看看那個孩子。沒想到，她竟然一口答應，說「好啊，我去原諒他！」

那天，我們與孫越叔叔帶著游媽媽一起去探監。那孩子一看到游媽媽來，馬上跟她道歉，說自己真的不是故意的。游媽媽說：「是故意的，或不是故意的，都過去了，我來是要告訴你，以後要認真讀書，好好做人，不要再做壞事。」

臨走前，那孩子向游媽媽提出「抱抱她」的要求。游媽媽心想，既然來了，就是要原諒，抱抱有何不可，也就答應了。這一抱，可不得了。那孩子幾乎是痛哭流涕，激動到臉上脖子上的青筋暴露，眼淚撲漱漱地直掉，每一滴都落在游媽媽的脊背上。游媽媽聽到這孩子的哭聲，彷彿是死去的兒子回來跟媽媽哭訴，也跟著流下眼淚。

雙方因為眼淚的洗濯，化解了過去的冤仇。從此，那孩子把游媽媽當成自己的媽媽，游媽媽也把那孩子視如己出。那孩子也很爭氣，在獄中努力完成高中學業，並且順利考上大學，畢業後正常做人做事，不再惹是生非。游媽媽饒恕的大愛，受到多方肯定，紛紛給予她掌聲，因為犯錯是人性，饒恕是神性。寬恕別人的過失，便是自己的榮耀。

TIPS

- 人容易記仇。化敵為友，才能真正解脫被綑綁的心。
- 多一點關心，能讓頑梗的心靈，變得更柔和更謙卑。
- 犯錯是人性，饒恕是神性。寬恕別人的過失則是榮耀。

5 要釋懷，放下對自己的控告

人的內心因為脆弱，常會有些罪惡感。譬如正在節食減肥的人，多吃了一些食物，難免覺得自己怎麼又犯賤了。內心一直自責，搞到自己神經兮兮，天天在那裡反覆思想「到底要吃，還是不要吃」。如同走進象牙塔，走不出來了一樣，弄得遑遑不可終日，難以自拔。

和自己過意不去，是一種很不健康也很不恰當的心理狀態。如果是為了曾經得罪別人而自責，猶有彌補的餘地，但是沒有付出行動，自己又走不出來，那就於事無補，還會帶來一些看不見的身心傷害。

我在高三那年，為了想全力衝刺，好好讀書，以便考上好的大學，在徵得教會長老的同意後，我便住進教堂，與一位七、八十歲的年長牧師同住一個屋簷下。好處是牧師每天一大清早就會叫醒我，要我與他一起靈修、讀經禱告，讓我在靈性得到造就，再回家吃早飯，接著騎腳踏車上學去。放學後、吃完晚飯，再回來教堂安靜念書。

年輕時的我，是個貪吃的人。有次看到教堂廚房有一把荔枝，就不動聲色一口氣吃完，殼也順便處理掉了。後來，老牧師問我有沒有看到那把荔枝時，基於人類罪惡的天性，我撒了謊，說不知道。奇怪的是，牧師就只問一遍，便不再提起荔枝的事了。反而是我自己覺得不好意思，畢竟教堂就住他和我，就算老鼠偷吃，也會有碎渣。牧師大概很清楚真相為何。或許為了給我面子，或許要讓我自我反省，就沒再追究了。

這事到牧師告老退休、回臺北與家人居住前，我還是偶爾會想起，但始終沒有勇氣在他面前「認罪」，只覺得老牧師的心胸怎麼會如此寬闊，不但沒責備，也不追究。得饒人處且饒人，真的讓我學到終生受用不盡的寶貴功課，就是謙卑與饒恕。

直到我北上讀書，荔枝失竊事件又在心中浮現。期間我雖提醒過自己，但沒有自我控告，也沒因罪惡感而遑遑不安，可就希望把這事做個了結，便約了時間去拜訪老牧師，還帶了約三倍我偷吃的荔枝的分量當伴手禮。見了面，我們都沒提往事，只關心眼前。我猜，牧師看到荔枝，大概已與我心照不宣。不過，可能他早就饒恕（forgive）又忘懷（forget）了吧。

我忘了自己曾經在獄中分享過偷吃荔枝的故事。有次，有個更生人也許是「心有戚戚焉」，竟帶整籠荔枝到我辦公室，多到像批發市場一樣，辦公室的人還以為是「天上掉下來的禮物」。聽我一說，才知「原來如此」。這讓大家一起學習一個功課，就是若對自己有什麼過意不去的事，還是要行動付出，千萬不要只是自我控告，讓心裡因為過度負擔，產生消極負面的問題。

我在美國時，輔導過一個姓陳的越南難民，他生了幾個孩子，但跟太太有點個性不合，常常爭吵。只是他對我很好，常帶著大兒子來我家幫我割草或洗車。有一次他病倒了，得了胰臟癌，躺在醫院多時，但不准太太去看他。我好說歹說，最後還是找了他太太，剪了家門口的幾朵玫瑰花，去醫院探視他。

見面時，陳先生馬上轉頭不想見到太太。我只好先跟他說「你太太難得來，而且還剪了玫瑰花來給你，這代表她的誠意，就當成禮物，接受吧。」我把他們的手勉強拉在一起，不知道牽手時的感覺，會不會讓他們想起當初戀愛或新婚時的悸動。但我深知陳先生心裡也是放下了，畢竟不是每對夫妻的婚姻都那麼完美，該放下的，就放下吧！

後來，陳先生病情告急，不久就撒手人世。到了人生的終點站，這些都要化為灰燼。所以，不必帶著怨恨離開，人需要的是釋懷。再怎麼說，兩個人從相愛到結婚，到共同養兒育女，總是夫妻一場，情義都有，在心裡若過意不去，只是徒留遺憾。若因此死不瞑目，更是吃虧吃大了。

我在臺灣監獄教化多年，偶爾總是會聽到某某人犯上吊自盡。某個死刑犯曾犯下神話 KTV 縱火案、燒死十六條人命，當他被判死刑的時候，因內心反覆地自我控告而視死如歸，很想結束自己的生命。他嘗試過三次上吊，都沒有成功。一次是人太重，繩子直接斷掉，一次是被巡房的管理員撞見，另一次是同房獄友醒過來看到後報警。

三次自殺不成之後，被害人杜花明剛好來信鼓勵他又饒恕他，使他覺得自己需要去面對官司，不該逃避現實。當他照程序走完人生路，不但讓自己的罪惡感藉由基督信仰被釋放，也捐贈全身器官，包括骨頭和皮膚，使四十幾個患者受惠。放下對自己的控告，學習付出與關顧，人生的結局將會完全改觀。

TIPS

- 和自己過意不去，是一種很不健康的心理。
- 猶有彌補的餘地，就要把握機會付出行動去彌補。
- 學著釋懷，學著放下對自己的控告。

6 管控思考，不要胡思亂想

常聽說「人心怎麼思量，為人就會怎樣」，這等於外國人說的「You are what you think」。事實也是如此。人的意念一旦產生，就會想找機會去達成。腦筋就好像是一個工廠，工廠裡製造什麼東西，商店就賣什麼東西，影印機上擺什麼原稿，印出來就是什麼。難怪《聖經》說「恨人的，就是殺人的」。因為懷恨久了，累積到一定的負能量，有一天，就可能火山爆發，就會付諸行動，就真的把人給殺了。

北捷隨機殺人事件就是一個例子。犯嫌說，小學被一個女老師辱罵後，就懷恨在心。等長大了，他不只愛上殺戮類型的網路遊戲，也經常瀏覽恐怖小說，看到捷運殺人的故事，便想著自己有一天也要在捷運上殺人。他也會寫關於殺人的小說或故事，同學發現後報告教官，他輕描淡寫表示，只是在「開玩笑」而已。教官信以為真，也不再繼續追究。

雖然因此鬆了一口氣，他卻自覺大勢不妙。其實，他骨子裡不只是想藉由殺人來發洩以前被老師羞辱的痛，自己也早就活得不耐煩。他想死，只是沒勇氣罷了。他想，多殺一些人，應該很快就會被殺，就像殺戮遊戲一樣，殺得愈多，死得愈快。

除此之外，犯嫌還有一個目的，就是想幹一番轟轟烈烈的大事，讓自己出名，像在網路裡可以一夜成名一般。但計劃已經被教官發現了，一個不留意就可能胎死腹中。於是，他心裡著急，最後決定還是要快一點去執行，免得壞了大事。

因為有那樣的念頭，念頭又被化為行動，在沒有被警察逮捕管束行動之前，真的就去買了利刀，在捷運板南線上，不過短短兩分多鐘，四條無辜的性命就死在他的刀下，受傷的也有二十幾個人。一直到現在，事情都過去好幾年了，我每每搭乘板南線，坐到江子翠或龍山寺時，那個情景都會不由自主的呈現在我腦海子裡。

思想是個戰場。思考對了，是正向的，就會對人類做出貢獻，像發明電燈，汽車，飛機等，確實給全世界帶來極大的方便。思考歪了，是負面的，或過度天馬行空的，不切實際的，甚至想要害人的，那就可能給整個世界帶來極大的威脅。

懂得管控腦筋的思考很重要。平常就要訓練自己不胡思亂想。不要看到美女就動淫念，不要看到另一半手機有異性傳過來的訊息，就以為對方變心。這些負面的思想，不予以排除，日積月累，會像毒素累積到一個程度，病就發作了。如同有些婦女，懷疑丈夫外遇，氣憤不過，趁著丈夫睡覺時，就把丈夫命根子剪了。事後發現是誤會一場，再怎麼後悔也來不及了。

我輔導過一個碩士生。某天，正與他交往的一個女生，穿著比平常漂亮一點，他以為她要去跟其他男生約會，但女友只說「要回南部的家」。分別後，這男生便還打電話到女生家確認，只是家人說女友還沒回來。他開始胡思亂，想到女友最近態度冷淡，肯定是去找前男友了。愈想愈氣，憂鬱症似乎又要發作了。

某次，這個碩士生約女友出來時，一言不合，居然就直接拿出刀子，砍了女友四十幾刀，女友當街斃命。雖然事後他也朝自己的脖子砍了數刀，想著要同歸於盡，但畢竟施加在自己身上的力道有限，僅流出一些鮮血，縫了幾針，留下疤痕，人還活著，只是被判重刑而已。

有個臺灣藝人的兒子才剛到美國讀高中，就因被懷疑有恐攻嫌疑在美國被收押。起初，警察是根據這孩子跟同學說「某月某日要到學校開槍掃射」而展開調查。雖然，他向警方表示只是「玩笑話」，但當警察在他寄宿家庭搜索到槍枝與一千六百發不同型號的子彈時，便認定這絕對不是玩笑話了。

美國警方逮捕他之後，對外宣布及時攔阻一件校園恐攻事件。從子彈數量來看，他們認為至少救了數百名學生。美國這類事件層出不窮，被害學生人數累積下來相當可觀。要真正預防校園犯罪相當不易，所以這次事件幾乎成了國際焦點。這個孩子不見得有多壞，可惜他沒有好好管控自己的思想。

人腦筋裡想的，若不是正面的有意義的事，總是胡思亂想的結果，可能會誤了自己的前途，傷了親友的心，甚至影響到整個國際的觀瞻。思考什麼，不可不慎，管控思考，非常重要。

TIPS

- 平常留意自己想什麼，並訓練自己不胡思亂想。
- 心怎麼思量，人就會怎樣。意念產生，就會想達成。
- 思想像是戰場。想對了，就不會做出可怕的事情。

7 勝過苦楚，苦難是化妝的祝福

人生在世，短短七、八十年，長一點的，也許九十、一百歲，但其中所經歷的，不過是勞苦愁煩，轉眼消逝成空。然而，幾十年的歲月中，因為許許多多的苦楚，把人類內在生命的潛能發揮到極致，人才有辦法對整個世代做出貢獻。苦楚，化為人類的文明，科技、產業、醫療等發展，化成了各樣的祝福。文明愈來愈進步的結果，人類的享受也就愈來愈多。

人類所經歷的痛苦，如果把它看成像一粒沙子進入蚌殼一樣，我們就比較能了解痛苦並沒有那麼可怕。不錯，人都不喜歡受苦，但日光之下沒有新鮮事，以前發生的，以後還是會發生。人生有一個不變的定律，人人都難以倖免，那就是孫中山先生所說的「人生不如意事，十之八九」。試想，若不是一粒沙子卡在蚌殼裡、排不出去，蚌殼也不會分泌黏液，去包裹那一粒沙子，積年累月承受一粒沙子帶來的痛苦，最終看到的是一顆閃亮的珍珠。

孫越叔叔曾經是個大明星，還得過兩次金馬獎，息影後，他參與監獄的教化有十幾年。我常聽他說，過去拍電影的事，他也是會碰到很多不如意，甚至連最要好的朋友，為了一點爭執，也反目成仇。兩人勢不兩立到一個地步，只要有那個人在的地方，他一定不會去，不論在什麼公開的場合，他也絕對不會去提到對方的名字。但自從因為陶大偉帶領而信了耶穌後，孫叔叔開始思考聖經的教訓。他學會了如何勝過這些苦楚，也把苦楚化為祝福了。他發現，彼此的爭執不和，不只是對方有問題，自己也有很多地方要改進。

不久之後，孫叔叔找機會直接去拜訪那位反目成仇的朋友，沒想到對方早信了耶穌，見面格外親切。那次見面，他們彼此道歉，也承諾未來要互相包容與尊重，友情比先前更加親密。

孫叔叔曾說，他離世歸回天家那天，一定要請得過五燈獎五度五關的陳艾美小姐在追思禮拜會上為他唱〈鍊我愈精〉。歌詞是這麼說的，「你若不壓橄欖成渣，它就不能成油。你若不投葡萄入酢，它就不能變成酒。你若不煉哪噠成膏，它就不流芬芳……，每次的打擊，都是真利益」。

不但孫越叔叔有這樣的人生經歷，聞名國際的 NBA 球星林書豪從進入職業籃賽以後，因為是亞裔面孔，與其他球員明顯有異，加上名聲突然變得非常響亮，引起一陣舉世注目的「林來瘋（Linsanity）」熱潮時，也曾遭受到身旁友人的嫉妒與打擊。但他從小就是基督徒，深知「每次的打擊，都是真利益」。雖然在苦不堪言時，晚上睡覺也會蒙著被子，暗自哭泣，但畢竟父母給他很多的教導，信仰也給他很大的力量。

有一年，林書豪回到臺灣，在體育館向數千位粉絲演講時，他引用從小就明白的真理「患難生忍耐，忍耐生老練，老練生盼望，盼望就不致於羞恥」，向群眾表達他對苦難的看法，勸勉並鼓勵聽眾一定要相信「苦難是化妝的祝福（suffering is a disguise of blessing）」。

臺灣有句俚語說「吃苦當作吃補」，的的確確就是如此。把苦當成補，就會萬事互相效力。因為經一事長一智，沒有苦，就沒有福。沒有栽種，就不可能有收成，沒有存款，也不可能生利息。患難是人生的種子，有播種，才有結果。苦難是上帝給我們的存款，有存款，才會有利息賺。我常常都擔心一些家長，因為孩子生得少，就捨不得孩子受苦，以至於孩子無法在風雨的考驗中，學會怎樣迎戰。人生如戰場，如果從來沒有爭戰的經歷，一旦受到重壓或面臨攻擊，都有可能因措手不及，或無力回擊，而落得一敗塗地。

那位因涉及校園恐攻被捕入獄的孩子，事發後，父母急忙趕赴美國營救。要是他能在這短期間，體會一下孫越叔叔所經歷的「每次的打擊，都是真利益」，也許這就是他人生的轉捩點，危機就是轉機。換個角度看事情，事情就會看得更清楚，而提出的解決方案，也就會更加的實際。

我們不須再去評論到底是什麼原因，造成這個孩子極端的作為，我們要談論的是，要怎樣讓這個孩子的苦楚化為祝福。期待他在獄中會碰到好的獄友規勸他，或碰到好的獄警給他很好的心理輔導，甚至如果他在獄中受苦，像在臺灣我教化過的人犯一樣，因內心的一句話「神愛世人」「我不要再浪費生命」「我不要再讓父母傷心」，也許就得以改變他的人生觀，讓生命更新。

一個人明白了苦難的意義後，自然就不再懼怕或急於逃避苦難，反而能夠樂於承受這些苦楚，因為他們相信這些苦楚，最後都會結出美好的果實。

TIPS

- 人生有個不變定律——「不如意事，十之八九」。
- 唯有經歷過風雨的考驗，才學得會如何迎戰。
- 即使暗自哭泣，也要相信「苦難是化妝的祝福」。

8 垃圾變黃金，腐朽變神奇

人世間最痛苦的有兩種人，一種是以醫院為家的病人，另一種是以監獄為家的犯人。一般而言，病人病的再重，家人還是會多少拿些好吃的東西或漂亮的花去探視。犯人呢？有時候，就算家人住在監獄隔壁，只要犯人多進監獄幾趟（如吸毒者，再犯率高，有的去了三趟還是改不了），家人一定會把他們看成垃圾，看都不想去看。甚至還有父母揚言：「最好給我死得遠遠的，死掉就是對我們最大的孝敬！」

A君是我輔導過的煙毒犯，從十七歲就開始因吸毒而坐牢。每次到了牢裡，他都對自己說「我絕對不要再進來這個死地方」

「如果再進來，我就自殺」。但進出監獄幾次，他連一次都沒有自殺過。有過是，自己的老大吸毒改不了，覺得人生無趣無望，在他面前跳樓自殺。也有過是，他朋友覺得吸毒浪費青春，活得不耐煩，找他一起吸毒時用藥過量，直接當著他的面上吊，當時他茫茫然，四肢無力，看到毒友上吊，無能為力，等藥效退去，才走到毒友身邊，摸摸他的口袋，看看他還有沒有剩下的毒品或零錢。總之，他連自殺的一點點勇氣也都沒有。

B君是由家人帶來臺北更生團契辦公室的。他國中畢業就因跑船染上毒癮，家人為了幫他戒毒花了不少錢，到處求神問卜，也送到各地醫院或戒治所，但戒了又犯，犯了又戒，就是戒不了。關了幾次，連他自己也心灰意冷，知道再不改，可能會吸到死為止。於是，自己在家裡房間裡寫了幾個大字「你要當人，還是當畜牲」。原本以為這句話會像暮鼓晨鐘一樣，敲醒他的腦袋，但人畢竟是人，「立志行善由得我，只是行出來由不得我」，寫歸寫，每次毒癮來時，還是選擇當「畜生」，一直到家人把他送來臺北更生團契為止。

C君是眷村長大的孩子，與弟弟相差約十歲，可是就有辦法帶著弟弟，和眷村裡的壞分子一起混，吸毒、打架、偷竊、傷害，惡事做盡。他們的爸爸是飛官，原本是個榮譽軍人，卻被這兩個不肖子折磨得抬不起頭。兩兄弟相繼坐牢，兩老疲於奔命，這個監獄去探，那個監獄去看，一直希望這兩個浪子能回頭。但事與願違，兩個孩子變本加厲，進出監獄如廚房，大的關十年，小的整整多加了一倍。兩老傷心至極，失望透頂。

上面提的三個故事，主角看似都「沒救了」，只是「山窮水盡疑無路，柳岸花明又一村」，人的盡頭，也是神的起頭。

A君相信最後一次進監獄能被輕判，是因有人為他禱告的結果。出獄後，他主動來找更生團契，住在中途之家，學習充實自己，幫助別人。他也把高中夜校讀完，還成了學校的模範生。畢業典禮時，媽媽頻頻與他合照，以他為榮，與過去他吸毒販毒時，巴不得離他遠一點的情景，真的是天壤之別。過去，他的媽媽幾乎天天以淚洗面。就算偶爾兒子出獄，她既不敢接電話也不敢看新聞，深怕打電話來的是警察，更怕電視報導說的警匪槍戰，被打死的毒販是他兒子。後來，因為看到兒子「從垃圾變黃金」，她不再遑遑不可終日，面貌變得愈來愈年輕，也走進教會。

B君來辦公室時，家人說希望他能受造就，將來可以當傳道人。因他確實已靠信仰，重建生命，不再選擇當畜牲，而是樂意受栽培。我們送他去進修生活輔導員的課程，他學中做，做中學，在中途之家輔導幾個法院送來的小弟兄。幾年以來，進步很多，我們也讓他就讀更生神學院，希望他生命根基打穩後，就可以當傳道人。過去他是畜生，穿起西裝、打上領帶時，還真是人模人樣，已經是「破銅爛鐵變成金銀寶石」了。

C君能言善道，會寫會唱，十年多前出獄時，父親不接納他回家，他就來住更生團契中途之家，七個月內，他天天讀經禱告，對付壞習慣及壞脾氣，學會謙卑順服後，因父親生病住院，他到醫院照顧一段時間後，爸爸才驚覺他的改變，勉強讓他回家。後來，他在教會裡遇見一位單純又善良的姐妹，兩人交往四年後，互許終身，並一起在更生神學院受造就。

至於，C君那位坐牢比他久的胞弟，也接受他的勸戒，出獄後直接住進中途之家，還睡在他過去所睡的床鋪，天天做飯給學生吃，也努力放棄過去的不良習慣。最近有個美國來的華人導演林昌弘，替C君拍了一部微電影〈想回家〉，並請弟弟飾演哥哥。在演出收押入獄時的第一件事，就是剪掉長髮，剃成三分頭的落髮片刻，弟弟感觸良多，他覺得演的不是哥哥，而是他自己。

C君的父親已經高齡九十三了，看到兩個浪子回頭，都是笑容滿面，深深以這兩個「化腐朽為神奇」的孩子為榮，甚至覺得他們的改變，真的有點不可思議。所以，千萬不要輕易放棄希望，人若還活著，就有機會改變。

TIPS

- 不要輕易放棄希望，人若活著，就有機會改變。
- 樂意接受栽培，改變態度，自然就能重建生命。
- 旁人的支持與信任，是想要改變者的最大後盾。

9 自我約束是一種藝術

美國的 AA（Alcoholic Anonymous）是專門戒酒的機構，另外，NA（Narcotics Anonymous）是由 AA 沿伸出來的戒毒機構。他們認為戒酒戒毒都不難，只要靠所謂「更高的能力（Higher Power）」，再加上有個支持你的人（Sponsor）常在旁邊幫助提醒，應該就有戒治的勝算。所以，他們定期一起聚會，每次都照機構所設計的十二套法則，進行團體諮商及治療活動。

我在美國參加過 NA 的活動，覺得蠻新鮮有趣，因為互動熱烈，參與者都很放得開，也很 high，在場雖沒人在喝酒吸毒，但每一個來參加的人，幾乎都擁有喝過酒，吸了毒的興奮心情。

這兩個機構在美國行諸多年，也延伸分布到全世界，臺灣有機構用過十二法則那一套幫助人戒酒，後來卻發現華人的心性與西方人不同，聚會不像外國人那樣樂於談論自己的失敗。因不敢公開談論，很多人覺得不夠刺激，興趣缺缺，也就不想來了，當然就看不見什麼果效。

想要改變壞習慣，有一個很重要的關鍵，就是要懂得約束自己。例如，想減肥就要約束味蕾，不能見到好吃的就要吃。好吃的東西太多了，炸雞聞起來很香，咬起來很脆，口感非常好，沒有靠一個 Higher Power 約束，想要不吃，除非不經過炸雞店，或買不到，要不然有人拿炸雞擺在面前，很難不食欲大開，心裡有個聲音就會出現「明天再減肥吧！」最後，大概幾次抵擋不住誘惑，就自我放棄了。或變成在別人面前不好意思吃，卻偷偷摸摸買回家享用。這樣的減肥成功機率幾乎等於零。

自我約束，就是要對自己說「不」，而且說到做到，絕不給自己有一次妥協的機會。又比方說不想隨便開口批評人，就要先學會勒住舌頭，學習多說讚美、感恩的話，又看別人比自己強，久而久之，習慣成自然，就不會輕易開口去批評論斷別人了。能控制己心，就像大丈夫，能屈能伸，動靜自如，無入而不自得。控制己心後，這人就強如取城，勝過勇士。

我提出幾個我日常的操練原則，這是我自我約束的方式。每天練習與實踐，早早駕馭住脾氣，或愛好，或心情，不必等到七十歲，就能有孔夫子那種「從心所欲，不逾矩」的修養。

愛人助人不可虛情假意

一切的愛都要出於真誠，給人家的，就不要求回報，也別想拿來做廣告，巴不得被人家看成是個大善人一樣。愛若出於真心，樂於施恩，愈給，自己愈喜樂，別人也一樣。愈懂得給，愈顯得很自然。好像水龍頭裝水到瓶子時，滿了之後，就會溢出來一般。在獄中從事三十年的教化工作，若不是有一股愛的力量，化為我的後盾，我肯定撐不了這麼久。能持守在這個崗位，就是有一種 Higher power 撐著我，給我力量，並開始體會「讓我愛而不受感戴，事而不受賞賜，只知傾酒，不想飲酒，只想剝餅，不想留餅」的崇高意義。把一顆心獻給有需要的人，為他多付出心力，就能感覺受約束的「自我」已化成愛的「大我」。

不要急著爲自己申訴

人生在世，難免會被誤會，甚至成為眾矢之的也不無可能，但凡事都要先反求諸己，遇見患難時，記得先捫心自問「是不是我的問題？」「是不是我沒有處理好？」倘若問心無愧，不見得要急著為自己辯解，終究有水落石出、真相大白的一天。以前我也有被員工誤會過，主因是有人搧動他們，還提出十大罪狀控告我，硬是說我「獨裁」。我第一時間沒有辯駁，也沒有到處向人申訴，只有暗自禱告，把事情交託給上帝。後來，事件慢慢平息下來，說也奇怪，沒有一個同事，因為不滿我「獨裁」而離開，相反地，他們見到我不輕易發怒，不對任何人回擊，員工間的相處就像一個家庭，更和諧了。

不要以爲沒人看見就沒關係

我常常教一些收容在少年學園的孩子，要他們不要偷抽菸，因為抽菸的人，有一天，就可能去吸毒。但總有些不聽話的孩子，會躲到校園的角落或廁所偷抽，被老師抓到時，就是一支大過。我也教他們不要自欺暗室，也就是不要以為沒有人知道你在做什麼。因為隔牆有耳，而且天知地知，你知我知，騙人一時，騙不了一世。獨處也要自律，想想有個 Higher power 在看著你，也在照顧你，通常比較能約束自己的欲望，也能養成「內聖外王」的性格。人有時受外在法律或規範的約束，不得不順服，但到了一個地步，行為應由「外控」昇華到「內控」，進而成為一個仰不愧於天，俯不怍於地的人。

TIPS

- 愛人助人不虛假，讓「自我」蛻變成「大我」。
- 不要老是急著申訴，只要問心無愧，終究水落石出。
- 不是沒有人盯著看就沒關係，獨處也應該自律。

10 敗部復活賽更需要堅持

人是軟弱的，立志行善由得我，只是行出來由不得我。當我們想要好好的做人做事時，偏偏事與願違，想做的，做不到，不想做的，卻仍然去做。所以，我常會聽到無奈的吶喊：「我真是苦啊！誰能救我脫離這個苦海！」

孫越叔叔吸菸多年，成了老菸槍，他明知道香菸對身體不好，想戒，卻一直戒不來。他曾經多次立志要戒，一早醒來，眼睛一張開，還沒下床，就對著天花板說：「孫越，今天就要開始戒菸！」但一下床，第一件事情，就是去抽菸。馬克吐溫這位幽默大師也是，他說過，「戒菸很簡單，我已經戒過好幾百次了！」弦外之音當然是「戒菸（成功）很不簡單」，要不然怎麼會戒了好幾百次，戒了又抽，抽了又戒，意思就是，戒不掉嘛。

孫叔叔因為長年吸菸，得了COPD（阻塞性呼吸道症候群慢性阻塞性肺病），這病痛苦萬分。以前我陪他進入監獄教化受刑人多年，他常會從口袋中掏出一樣東西向聽眾亮相：「你們知道這是什麼嗎？」接著，他會解釋，這是幫助他呼吸的噴霧器，因為氣喘病發作時，呼吸就很困難，沒有及時用噴霧器噴一下藥水，人就有可能窒息死亡。他的目的是告訴獄中人「抽菸有百害而無一利」，最好趁早戒掉，不然也許會像他一樣，得了肺病，後患無窮。

講歸講，勸歸勸，在監獄那種痛苦的地方，苦不堪言，抽菸是他們解悶、逃避痛苦的唯一方法。不抽了，日子要怎麼過。可見壞習慣一旦養成，要改談何容易。難怪監獄裡九成的菸毒犯，都可能再犯，因為連小小的菸都戒不掉，更嚴重的毒品濫用問題，要怎麼能戒掉呢。

我有幾個常輔導的個案，因為吸菸又吸毒，進出監獄多年又多次後，已搞得家破人亡，妻離子散。傷心之餘，痛定思痛，他們進入更生的中途之家居住，最後真的戒了菸又戒了毒。

朱君，他來辦公室時，我都聞得到他身上的菸味。勸他戒菸，他都說好。他一直沒戒掉，我持續幫他禱告。某天，他說他做了一個夢，夢見有一個禮拜天，他正要走進教堂，參加聚會，嘴裡叼著一根菸的他被招待人員攔下，請他出去。夢醒後，他覺得自己很不應該，教會是聖潔的地方，是眾人聚集之處，怎麼可以叼著菸去製造汙染，聖經也說，身體是聖靈的殿，殿應該保持乾淨，才會健康。自慚形穢的朱君不再碰菸，最後也完全脫離毒品的捆綁。

簡君，吸菸吸毒多年，他在獄中寫信給宇宙光雜誌社，說自己看了雜誌，心中有感動，而且已經自己禱告信了耶穌。宇宙光雜誌社把他的信轉寄給我，叫我去輔導他。因為他快要出獄了，我趕緊給他寫個信，叫他出獄後一定要去教會。沒多久，他從家裡寫了一封信給我，告訴我他因為「一信之緣」而走進教會。一開始我還搞不懂「一信」是什麼意思，一問他，才知道是我寫給的那封信。

原來，收到信不久，他就出獄了，並在他哥哥開的餃子店裡幫忙。他說，成功戒掉菸癮，是在一次向神祈禱後，隔天到餃子店上班時，看到櫃子裡的一包菸，便試著拿出一支聞聞看。一聞，才驚覺過去的「香菸」怎麼變得那麼「臭」。後來，他毒品也不再碰，甚至賭博、喝酒也都全部戒掉，成了一個新造的人。他曾經到更生團契的中途之家服務一陣子，還去念神學院，畢業後做了傳道人。從過去一個軟弱不堪的菸槍毒蟲，變成了人人稱羨的良牧忠僕。

很多人改不掉壞習慣，是因為人性軟弱，才一而再，再而三的失敗，到最後幾乎都會自我放棄。而我所接觸的所謂的「魯蛇（Loser）」，為什麼能從失敗中再站起來，從敗部復活中再戰，從軟弱變堅強呢？似乎他們都找到了一個祕訣，就是「鍥而不捨」。他們發憤圖強，力爭上游，把隱藏在生命中最深沉的良善和潛能釋放出來，就能變得剛強壯膽，面對挑戰不畏縮，還能大膽迎擊苦難，並且得勝有餘。

TIPS

- 讓自己成為一個剛強的人，才能掙脫壞習慣的綑綁。
- 魯蛇（Loser）要敗部復活，最需要的就是鍥而不捨。
- 把隱藏在生命中最深沉的良善和潛能釋放出來吧！

11 捨棄享受，也是一種享受

年輕時，臺灣有農復會鼓勵初中學生參加「四健會」，他們免費送給每個參與者十幾隻小雞，讓他們在家裡養，藉由養雞觀察生命，欣賞生命，並珍惜生命。我記得爸爸幫我釘了一個活動的雞舍，還牽了電線，點了小燈炮讓小雞取暖。我每天上學前會餵食，下課後，再餵食。

當小雞漸漸長大時，取暖的小燈撤了，雞舍也從室內移到了室外。那一段養育小雞仔的過程，在我人生的經歷中，可以說是留下非常深刻的印象。尤其是當小雞仔長大成熟之後，我留下幾隻，讓牠們自由交配，最後也孵育出了下一代。

後來這一代，母雞帶領著自己孵化出的小雞的過程，又是另外一種體驗。早年住在鄉下，常見到大冠鷲在空中盤旋。有一次，我目睹一隻大冠鷲在上空，母雞很敏感，發出「吱吱、吱吱」的警告聲，剎那間，所有小雞迅速地竄進母雞翅膀下。我常想，若沒有母雞的翅膀，大冠鷲可以輕易地刁走任何一隻小雞。

母雞裸抱小雞的那一幕，我終身難忘。就像我在美國曾看到的一則報導，說消防人員清理穀倉失火現場時，看到有一團黑黑的東西，用腳一踢，出現一群小雞。消防人員判斷大概是母雞見住的地方火災，為了保護小雞，犧牲了自己。辦了花蓮的少年學園後，我常用這個故事勉勵輔導老師扮演母雞保護小雞的角色，善盡職責，用心疼愛這些弱勢的學生，讓他們在安全的環境當中，平安成長並順利完成學業。這種助人的工作，需要犧牲奉獻，才能真正讓別人領受到祝福。

我在美國的教會裡，聽了一個印尼的傳道人講見證，他說有一個印尼的年輕人脾氣很壞，後來媽媽幫他找了一個基督徒，也嫁給他了。只是他不懂得珍惜妻子的賢慧，常惡待妻子，就算後來生了女兒，脾氣也是一樣火爆，不只辱罵，也會歐打妻子。丈夫後來得了眼疾，而且愈來愈嚴重，他不知檢討自己的過錯，反而因視覺受損，脾氣變本加厲。隔了不久，丈夫完全失明，但醫生說，只有眼角膜移植，他才有機會復明。

有天，醫院打來電話，說有人捐贈眼角膜，要他回醫院。就醫後，果然移植成功。出院那天，家人和女兒都來接他，就是沒看到妻子。他心裡不舒服，認為太太怎麼這麼不懂事。他問女兒，女兒只說「媽媽在家煮飯」。愈想愈氣的他一回到家，見妻子沒出來迎接，更是氣極敗壞衝進廚房，這才發現太太的異狀。原來是妻子捐出她自己的一雙眼角膜，他才重見光明。

聽完這個故事，我有個問題想問「為什麼太太不給丈夫一個眼角膜就好，一個人一個，就沒有人瞎眼，也都不需別人幫助」。但排隊的人很多，就想算了。後來，我在靈修時得到了答案。若只給一個眼睛，就不算完全，兩個才叫「完全的愛」。

這個世界需要愛，沒有愛，人就沒有力量生存下去。希特勒曾經叫人做個實驗，就是如果沒有人教嬰兒講話，他們第一句話會說什麼。於是，找來五十個初生嬰兒，叫護士只能餵食，換尿布，不可以與他們說話，也不可以抱他們。結果嬰兒一個接一個死亡，整個實驗徹底失敗。不必找答案，我們用想的也知道，因為慈愛比生命更好。人需要被愛，才有活下去的勇氣，沒感覺到被愛，一天都不想活。為什麼這麼多人鬧自殺，因為他們沒有感覺被愛。捨棄自己的享受，讓別人得到幫助，得到祝福，我們的生命才會活得更有意義，更加紮實。

過去一個多數人都認得的長輩，在執政時期當官時，常懷抱悲憫之心，民胞物與，屢對弱勢族群釋出善意。有回，他奉命去為某大工程完工後的啟用典禮剪綵，當他在現場看到有一位赤腳的農民，就站立在不遠處時，不假思索地請副官把他找來一起剪綵，副官雖不解，仍然遵命。剪綵儀式結束後，主辦單位發紅包，那位赤腳先生就能拿紅包，去買一雙鞋子穿了。

TIPS

- 善盡職責的人，才能真正讓他人領受到祝福。
- 世界需要愛。沒有愛，人就沒有力量生存下去。
- 捨棄享受，讓別人得到幫助，活得更紮實。

Part 2

自我調整

先讓自己的心謙卑，才能聽進建言，並聽到做到。
多一點「利他」想法，有度量去愛那些不可愛的人。
生活步調回歸正軌，正向目標讓生命更有意義。

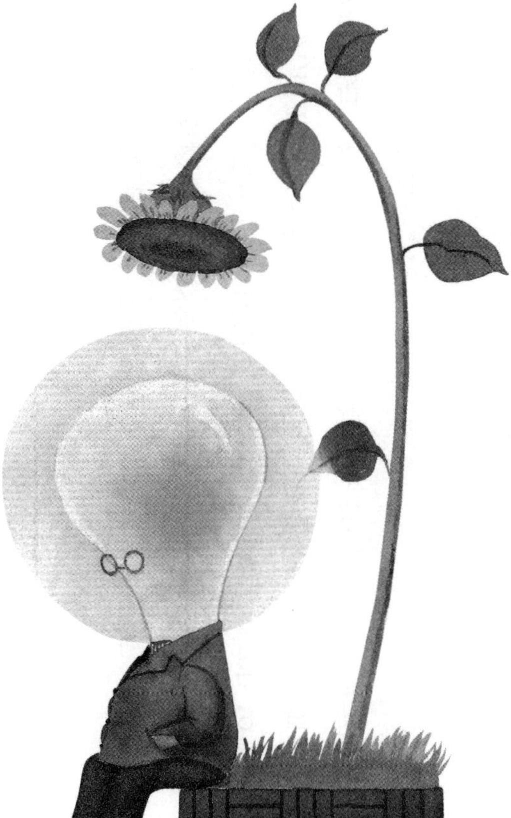

12 遵循「NEW START」原則，健康NEW START

健康，人人都稱羨。想要健康，有一定的法則。刻意調整生活的步調，應該就不須要常常因為生病而去看醫生。時代雜誌在二〇一八年二月十五日有篇〈The Surprising Secrets to Living Longer - And Better（活得更久更好的獨特祕密）〉的文章，就鼓勵人要去創新，透過藝術、繪畫、寫作、建築等，不僅動手也要動腦，免得身體老化太快。

更建議人要Keep busy（保持忙碌），像是逼自己做點事情、持續運動，並注意均衡飲食，更要吃得對。文章裡說的「There is no secret to live longer and better if you forget about the little pains.」就是要人別對身上的小毛病太耿耿於懷，只要把生活步調調整到正軌上，毛病也可能自我痊癒，人還是可以活得很久，活得很健康。

一些促進健康的訣竅加以注意，謙卑遵循，去醫院的機會自然會變少，而醫院裡每天看病的人數，也會減少很多。衛福部所屬的國家健康研究院，多年來，花了很多錢在研究：如何能活得更健康活得更長（healthy aging）。從我們日常生活的模式做對比，應該都很清楚，為什麼有些人活得那麼健康快樂？有些人卻每天都活得病懨懨的。其實，各有原因。

我多次去醫院探病，總覺得醫院像菜市場。人很多，甚至連用餐的地方，也很像街上的餐館，各式各樣的館子都有，要吃什麼菜色，就有什麼。也許是生意人知道病人多家屬多生意就多，也許知道病人病情要好轉，營養是重要的因素之一，就提供多樣化的飲食供大家選購，這是相當務實的做法。這個生意人那樣想，那個生意人也那樣想，醫院內附設的餐廳，就如雨後春筍，百家爭鳴一樣，熱鬧得叫人胃口大開，爭相點菜。

要健康當然要吃得對（eat right）。「病從口入」這個說法是有道理的，吃對了，營養足夠，身強力壯也是必然的。另外，作息時間有規矩（regular living）也是健康因素之一。軍人的體質通常會比一般人好，除了是他們平日有操練外，固定起居作息的時間，有一定的規矩，也是重要的因素。養成生活的好習慣，生理時鐘一旦固定，身體就比較不會有脫序的現象。

可惜的是，有些軍人抽菸習慣改不掉，久而久之，身體愈來愈差。孫越叔叔以前當兵時，就一直抽菸，後來得了COPD（慢性阻塞性肺病）呼吸道的毛病。直到信了耶穌之後，孫叔叔才開始戒菸，還成了反菸代言人。說真的，如果不是因為過去抽了三十五年的菸，他也許會活得比八十七歲還更久一點。

運動（exercise）當然也是健康的因素，每天撥出一點時間，做做體操，或走走路，輕微地活動筋骨，人就會比較靈活些。愈不想動，筋骨僵硬後，更不想動，老化就會加速，新陳代謝連帶變差，身體就會每況愈下。

我曾經邀請一位在美國學過護理的專家，來聚會中分享健康之道，她提出幾個英文字來勉勵大家：

- N（nutrition）注意營養的均衡
- E（exercise）適度運動
- W（water）喝乾淨的水

- S（sun）照點陽光
- T（temperance）任何事都要有節制
- A（air）多呼吸新鮮空氣
- R（rest）要有充分的休息
- T（trust in God）信仰。好的信仰，帶來好的心情

看出來了嗎，這幾個英文字母，湊起來剛好就是「NEW START」，演講者希望在聽過這個演講後，聽眾都能有個「新的開始」。不管過去身體狀況如何，如今為了保有健康，活更久些，就不能不改弦更張，調整節奏。根據「NEW START」幾個重點，持之以恆，鍥而不捨，執行下去就能重新開始，看到實效。除了「NEW START」外，我也提出「A」和「B」兩個關鍵：

- A（attitude of gratitude）常存感恩的心
- B（benevolence）有愛心，樂於助人

我提出的「A」和「B」要達成並不難，只要有心，人人都可以做到。愛與感恩，能在無形之中增進身上的免疫力。免疫力強了，百病不侵，五毒不入。那麼，本來遠在天邊的老而彌堅、返老還童、老當益壯等幾句話，都是可兌現，可經歷的。

TIPS

- 生活步調調整好，小毛病搞不好會自我痊癒。
- 遵循「NEW START」，不論過去如何，都能有新開始。
- 愛與感恩，能在無形之中增進人的免疫力。

13 怒氣快爆發時，三十六計走爲上策

以色列的君王所羅門擁有絕對權力——生殺予奪，大權在握，但他竟然勸勉全國子民要掌控脾氣。幾千年前，他說過的「不輕易發怒的勝過勇士，治服己心的強如取城」，至今仍是至理名言。可見人需要控管脾氣與怒氣的提醒，不只放諸四海皆準，而且還不會過期。

動不動就發脾氣的人，代表內在的生命還不夠成熟，才會像小孩子一樣，不合我意，就嚎啕大哭，頓首頓腳。有的人還會「見笑轉受氣」，惱羞成怒，覺得自己臉上無光，只用怒氣掩飾心中的不好意思，要是一發不可收拾，搞不好還會發生刑案。

無法控管情緒，可能是從小被養成。人出生後像一株幼苗，需要兩根柱子撐住，才不致於長得歪七扭八。少了那兩根柱子，從小被過度寵愛或忽略，自我被養得太大時，就會養出「順我者昌，逆我者亡」，那種趾高氣揚、不可一世的態度。

多年前，我在臺北辦公室收到一封信，是來自美國紐約星星監獄（Sing Sing Correctional Facility）的一個受刑人寫的。他知道我在監獄當教化志工多年，希望我有機會也到紐約監獄去看他。我心想，美國那麼大，從臺灣坐飛機到太平洋彼岸的加州就需要十一個小時，要到東部大西洋那邊的紐約，至少還要五個小時的飛機。因此，我回信給他，說只能等機會。

隔幾年，機會到了，我專程去監獄看他時。他說的第一句話，到現在為止，我還是記憶猶新——「從小，我就被養成小皇帝的性格。」他在中國出生，是獨子，從小就一個人有六個人在疼，父母對他嬌生慣養，祖父母及外公外婆也都對他疼愛有加，百般呵護，讓他三分。因此他自幼跋扈，性格被養得像小皇帝一般。長大後，移民到美國，與人合夥作生意，其中一個合夥人想抽銀根，談判時，一言不合，他就開槍把對方打死了。

怒氣沒掌控，一旦發作，命案就發生了。這樣的故事，在監獄比比皆是。彰化和美的黃先生就是非常典型的例子。他與同居人一起經營油麵加工廠，有天早晨在店裡工作，因覺得手抱十個月大的女兒不方便，想交給同居人抱，但同居人也忙，便拒絕了。黃先生火大說：「不抱去，我就把她丟到麵鍋裡！」

「你丟啊！」同居人用言語揶揄他。心想，這是他最疼愛的女嬰，雖然兩人過去曾經結婚、生了一個小孩，卻不是姓黃，離婚後十年，兩個人又住在一起，還未辦結婚，生的女兒早登記姓黃。這黃小妹絕對是爸爸心所最疼愛的。同居人以為的玩笑話，哪知道他真的雙手一攤，就把手上的女兒拋入滾燙的大麵鍋裡。即使同居人立刻衝上前去，把女兒撈起來、緊急送醫，四天後，仍然回天乏術。

黃先生因一時的怒氣，賠上了自己女兒的性命，令人髮指。當時，我和前行政院長張俊雄一起去探視他的同居人，就順路去彰化看守所看看他。張院長問他：「到底發生了什麼事，你怎麼會那樣做？」他緩緩道來。

原來一大早，他就送麵條去給人。還和人喝了酒，但沒喝到醉。也與人賭博，不算輸太多。接著，又和同居人吵架，其實沒吵得那麼厲害，不曉得自己為什麼會把心愛的女嬰往麵鍋裡丟。

毫無頭緒的他，最後以一句話做總結「就好像鬼在拖！」確實，人的怒氣就像火山爆發一樣，只要一發作，就一發不可收拾，所製造出來的傷害當然就罄竹難書。

「到底要怎麼管控脾氣？」很多人提出一些好辦法，像喝口水，深呼吸，安靜坐著等。依我觀察，脾氣像一條毒蛇——你不惹它，它不惹你。但毒蛇隨時隨地都可能因一時刺激，冒出來害人。所以，所羅門王才會叫我們要「勝過」它，不要讓它有機會出頭，以免受害無窮。最好方法就是讓這條毒蛇被「治服」，甚至被「治死」。先把它剁死，不然至少把它的毒牙拔光，讓它沒有辦法咬人。就算咬人，也不會致命。

毒牙要怎麼拔呢？正面迎擊是最好的方式。當人的脾氣要發作時，就是人心裡面的不滿和驕傲在作祟，怒氣蠢蠢欲動時，要趕快離開現場，獨自去做最卑微的工作，像掃廁所、擦地板、整理垃圾等，讓自己安靜一下，做做古裝劇裡僕婢、奴才在做的事。學著降卑自己，日積月累，就有一股力量能夠勝過多年自我養成的傲氣。

除此之外，萬一生了氣，千萬不要含怒到日落，因為到了日頭平西，黑暗的勢力特別強，人很容易在「神不知，鬼不覺」的情況下隨意去攻擊別人，一旦犯了罪，一輩子後悔無窮。

TIPS

- 脾氣像毒蛇，就算殺不死它，也要把它的毒牙拔光。
- 快爆炸時，逃離現場，做做卑微工作，挫挫自我傲氣。
- 天黑之前讓自己氣消，因為日落後黑暗勢力特別強。

14 把利己轉爲利他，生命更有意義

前一陣子，長庚大學醫學院的五名大三生，特地來找我，問了幾個問題：「人生的意義是什麼？」「面臨死亡時，人心理上的反應如何？」原來是他們學校有個課程叫「生死學」，教授要他們寫報告。大概是知道我曾經輔導過上百名的死刑犯，多少會了解他們面臨死刑執行時的心理掙扎。

不錯，人犯在面對生死關頭的時候，確實有很多掙扎。有的在被判處死刑後，每天都活在恐懼中，心理影響生理，有的年紀輕輕、還不到三十歲，居然就開始長老人斑了。有的連案子尚未定讞，就緊張到經常暈倒。大部分的人則是很後悔過去的所做所為，臨終前，還會道出人生最後也最深刻的嘆息與歉意。但也有少部分心硬到一個地步，就算見了棺材，也不會流淚的。

輔導這些極刑犯的過程，我也常思考生命的意義，像「人活著到底為了什麼？」「要怎麼樣才能活得更精彩？」這類的問題。我接觸的某些死刑犯，明明前一天還健在，隔天就被槍決，讓我深覺生命的無常與短暫。但在研究他們過去的為人處事時，我才了解他們並非想走上這條不歸路，只是過去沒有人生目標，被酒色、財氣等七情六欲捆綁得很厲害，以致於惹出大禍，做了傷天害理、罪不可逭的惡事。

生命的意義到底是什麼？從我所認識的孫越叔叔過去所說的那一句名言「只見公益，不見孫越」，多少可以了解他的生命意義就是要去「造福別人」，而不要只為自己的利益生存。孫叔叔過去得過兩次金馬獎，拍過兩百多部電影，可以說有名有勢又有錢，但是他竟然願意在當紅之際，放下一切功名利祿，從事無給職的公益活動，成為終身志工，到處幫助人，也到監獄關心受刑人，就是他深知自己人生的意義是什麼。

人生有限，短短七、八十年，如過一夜，如睡一覺，如一聲嘆息，很快就會過去，要怎樣緊緊抓住每一分每一秒，善加利用，把自己所擁有的祝福（blessed），化成別人的祝福（blessing），就是一門大學問。我的感受是，要看我們眼目所注重的是什麼，是短暫的還是永恆的，是利己的還是利他的。

胡子琳是更生團契所栽培出來的駐監傳道。年輕時，他意氣風發，很會做事，也很會賺錢。只是後來與友人到中國投資做生意，一時不察，銀行裡的存款都被合夥人領個精光。他用盡各種方法，想把錢要回來，但再怎麼努力，都白費氣力。百般無奈的回到臺灣，想東山再起，卻欲振乏力，在心灰意冷的情況下，選擇自我了結生命。偏偏天不從人願，他以為萬無一失的方法——開瓦斯、喝酒、吃安眠藥，自認會一覺不起，但「睡著」不久，他竟然醒過來，正當他疑惑房門窗戶都已經刻意用膠帶封閉，一氧化碳應該跑不出去的，怎麼可能還能醒來。

一邊思考，一邊照以前壞習慣、順手掏出一支菸，才想用打火機點燃，突然「碰！」一聲，瞬間氣爆，他的臉和手被炸得血肉模糊。後來歷經多次整容手術，過程很痛苦，還好臉上沒有留下太多疤痕。只是伴隨而來的憂鬱症，讓他難以入眠，非得靠藥物，才能安睡片刻。所幸在這困難之際，他想起信仰告訴他生命的意義是要「愛人如己」，人不要為自己活，不要只圖私人的利益。死，也不要為自己死，或說自己想死，就去死。

重拾信仰的他，清楚看見過去的無知。他懺悔，向神祈求赦免他過去所有的罪過。說也奇怪，之後他的憂鬱症不藥而癒，也讓他有機會在更生團契受神學造就多年。畢業後，奉差遣到政府辦的戒毒村，去陪伴並協助吸毒的受刑人脫離毒品捆綁。他的生命也從過去的「利己」，轉成了全然的「利他」。

我從年幼時，就立定志向要「服務人群」。高中畢業後，我進入警察大學受栽培，當了幾年警察，又赴美進修。學成之後，我到加州政府上班，服務從各國來的數千名政治難民。前前後後在美國待了十七年，從學習到付出。因為習慣服務別人，當一九八八年，臺灣更生團契需要我，便毅然決然攜家帶眷回臺，從服務監獄受刑人，逐漸擴大到輔導邊緣青少年。近幾年也辦理成人中途之家，收容並服務出獄的更生人。又因為看到案件被害人總是躲在陰暗的角落裡哭泣，也致力於被害人身心靈修復的工作。工作一做，就做個不停，這些人都需要被關懷，生活才能穩定下來，才有機會再重新出發。

時至今日，整整三十個年頭，我因著服務他人，內心非常喜樂，愈服務愈快樂，愈服務愈有力。自己也覺得生活多采多姿，每天都過著非常的有意義的日子。生命的意義，始於尊重，從珍惜生命開始，我們學會欣賞生命，栽培生命，到最後最高的境界，就是奉獻生命。樂於付出的愛，就化成了眾人的祝福。

TIPS

- 生命的意義始於尊重、珍惜，接著要學著欣賞、栽培。
- 「利他」想法會讓人生種下一個具體而正向的目標。
- 樂於付出的人，能把自己擁有的祝福化為別人的祝福。

15 不論發生什麼事，都要好好睡覺

很多人難以入眠。夜裡翻來覆去，身體很累，想睡，卻睡不著。有人只要吃了什麼特別的東西，就像吃到興奮劑一樣，臥不安枕。我也聽過很多婦女，說常常睡不著覺，不知道是生理因素還心理因素，她們也搞不清楚。問醫師，醫師也只能開安眠藥，但靠安眠藥才能入眠，也不是個長久之計。有些人想靠運動靠忙碌，讓體力耗盡，大概就能一躺上床，馬上睡著了。

能睡覺是一種福氣，人畢竟不是機器，就算是機器也得休息。但人體及心靈的內涵很複雜，常為了牽掛一點點小事，惹得心神不靈到一個地步，睡都睡不著。

如同吸毒的人，因為習慣日夜顛倒，有時該睡了，他們不去睡，不該睡，他們偏偏又在睡。壞習慣一旦養成，生理時鐘大亂後，就算戒了毒，若沒有好好約束心思意念，也是會像以前吸毒時，該睡時，不想睡，想睡時，又睡不著。煙毒犯之所以再犯率高達百分之九十，和他們睡不著覺大有關係。因為在百般無奈，睡不著覺時，想東想西找不到出路，就會再去找毒品來逃避現實，麻醉自己。

我常建議一些需要靠安眠藥才能入睡的人，不妨試試在臨睡前先禱告、念聖經，或許就會因為心靈獲得平靜，而容易入睡。在教會裡，確實有很多這樣的案例，多半都是因為事情太多，搞得心神不寧，看到床就會害怕。當牧師為他們禱告，教他們唱詩歌、禱告、讀聖經，甚至背誦聖經，照做沒多久，多年以來的失眠現象，便獲得極大改善。

從此不但不再靠安眠藥，不再懼怕睡覺，相反的，每天臨睡前，都會帶著笑容，以一顆感恩的心，向上帝道一聲「晚安，阿們！」之後就像個斷奶的嬰孩躺臥在母親的懷中一樣，安然入睡，一覺到天亮。

睡覺是重新得力的重要關鍵，一覺醒來，體氣清暢，心曠神怡，心靈舒爽，仗著這充分睡眠修復後所得的體力，就能奔跑不困倦，行走不疲乏。特別是感冒生病時，一定要好好睡一覺，醫生不見得會給什麼特效藥，但是充分休息絕對不可少，能躺在床上好好休息，多喝點水，再吃點營養食品，遠離病毒，恢復健康一定會很快。外出旅遊，雖然快樂，但舟車勞頓，體能消耗太多，一不小心，水土不服會惹出問題，吃錯東西也會生病。所以一旦收假返家，最好能夠好好休息個一兩天，把氣力體能補足後，再回到工作崗位上善盡職責。

萬一碰到不順遂的事，身心俱疲，壓力太大，痛苦難當之時，最好也到房間裡先大睡一場，暫時把這些煩憂拋在一邊，讓自己腦細胞獲得更新，醒過來後，靈感一來，很多壓力都會一掃而空，大事化為小事，小事化為泡影。一旦不再被世事攪擾，人自然就會輕鬆愉快，就因那場睡眠，人獨自在安穩隱密處，內在的活力重整旗鼓，無形之中，就會打贏一場勝仗。

就像以色列國的先知以利亞，碰到不喜歡他的君王想取走他的生命時，在逃命的路程當中，他一度想死，但躺在樹下睡了一覺，再吃點餅，喝點水後，竟然能夠有氣力走了四十個晝夜，去完成另一場使命。

平常上班的人，很難像中小學生一樣，中午伏在桌上小睡片刻，因為一般公司行號中午大約只有一小時休息，光到餐館或小吃店用餐，排個隊就要花上不少時間，連吃飯時間都不太夠了，就遑論休息了。晚上下班後，如果還捨不得睡，要再去聚餐應酬，喝酒熬夜，上網打遊戲，就難免會有所謂「過勞死」的現象。古時人「日出而作，日落而息」，但電燈發明之後，白天工作，晚上也挑燈夜戰。戰得無暝無日，健康水平也跟著下滑。

我覺得自己很幸福也很幸運，不論做什麼工作，再怎麼忙，也不用拿睡覺的時間來加班。晚上睡覺時，只要一躺下，就可以一覺到天亮。我身為機構的總幹事，有好幾個部門要督促，也有不少責任要扛，不太可能沒有煩惱或憂愁，但我懂得「一天的難處一天擔」的祕訣，晚上十點鐘該睡覺就去睡了，先養精蓄銳，明天一到，那些過去常覺困擾的事情，也許都已經有答案了。就算問題還在，因為睡得好，腦筋也清楚，我還是有足夠的勇氣和力氣去面對與應付。

睡覺是解決問題的方式之一，不但可以放下過去的重擔，脫去一天下來的纏累，也可以讓人在休息後，精神飽滿，細胞活化，重新啟動生命的輪子，帶著無窮的生命潛能，勇敢地去迎接新的一天。

TIPS

- 一天的難處一天擔，不要為了煩惱而犧牲睡眠。
- 睡覺是重新得力的關鍵，體能補足才能善盡職責。
- 當腦細胞活化，靈感重新出現，壓力便一掃而空。

16 選擇有智慧的建言，並堅持到底

每年的五月三十一日是世界無菸日，二〇一八年這天，臺灣各界為了追思孫越叔叔，在新店教會舉辦了一場盛大的紀念會。孫叔叔生前受菸害之苦多年，三十七年的老菸槍，得了COPD肺病後，成了反菸代言人，常以親身的經歷，勸告民眾不要抽菸，要遠離菸害。

聽得進去孫叔叔建言的人，就有福氣，他是痛定思痛，深知吸菸的害處後，才苦口婆心的善勸眾人。但畢竟言者諄諄，聽者藐藐，聽勸的人還是有限，臺灣吸菸的人口仍舊很多，不論大人小孩，明知吸菸有害，仍是照抽不誤。

我自己以前也有個美夢，就是想當警察局長，才千方百計到美國去進修犯罪學，想著早日學成歸國，實踐夢想。沒想到美國那邊的牧師發現我對教會頗為熱心，什麼聚會都參加，便在我研究所畢業時，建議我去讀神學院。因為高三那年曾經與教會牧師同住，深受栽培，聽到這個建議，我不假思索就接受了，隨後進入舊金山神學院受造就，邊學邊做。事到如今，無論在國內或國外，一樣堅守崗位，服務人群，至少已有四十年之久。

我知道孫越叔叔做公益，是受了演藝圈裡的好搭檔陶大偉的影響，當時他們是在演藝圈裡大紅大紫的人，但演藝圈人士也會計較排名次序和報酬高低。有天，孫叔叔接到陶大偉給他的信，他覺得很奇怪，因為平常他們拍戲在一起，吃飯玩樂在一起，有話可以當面直說，為什麼要寫信。沒想到，那封信讓孫叔叔大受感動，也影響了孫叔叔的一生。

原來那封信是封道歉信，也是彼此互勉的文字。信上陶大偉說，對不起孫叔叔，因為當時兩人都很出名，他看到媒體寫「陶大偉、孫越」就會很開心，要是寫成「孫越、陶大偉」，心裡就會很不舒服。所以為此向孫叔叔道歉，覺得自己是基督徒，卻有那種爭競嫉妒之心，實在很不應該，要孫叔叔務必原諒他。信的最後，陶大偉引用聖經的話，「人若賺得全世界，賠上自己的生命，有什麼益處呢？人還能拿什麼換生命呢？」來勉勵孫叔叔。信末的話，深深感動孫叔叔，更讓年屆五十的他接受陶大偉的邀請，開始走進教會，他先到宇宙光當志工，並到處去關懷弱勢，勇敢地踏上「只見公益，不見孫越」的人生終極目標。

當了終身志工以後，他的人生就不再以賺錢為目的，每天念茲在茲都是公益，拍了很多的廣告，如「夜深了，打個電話回家吧！」「戒菸就贏」等善勸眾人珍惜生命，珍愛家人。他甚至為更生團契興建花蓮少年學園募款，為了辦手續，他也多次與我們一起跑縣政府、省政府。從一九九四年初起，孫叔叔每週都會入獄關懷受刑人一次，堅持十幾年，臺灣大大小小的監獄全跑透透，直到他身體不適，體力較弱才停止。

只有謙卑的人，願意接受別人的建言，一般人通常選擇合乎個人「想要」的，而不懂得選擇「需要」的。有一位剛出獄的煙毒犯，他在獄中悔改、信了耶穌，期望自己從此以後金盆洗手，棄惡行善，走一條神聖的道路。到了出獄那天，他看著自己腳上的一雙破舊的球鞋，便告訴駐監牧師，想要買一雙新球鞋。但牧師告訴他，鞋子還可以穿，就將就穿吧，畢竟人才剛出獄，要懂得省吃儉用，學會過簡樸的生活，如果之後決定住到臺北的中途之家，那就更不需要買新鞋了，因為那裡有很多鞋子可以穿，甚至還可能有新的。

他聽聽，覺得有理，就決定等待時機。沒想到，人還沒到臺北，牧師先帶他去見一位南部教會的朋友時，那個友人一看到他的舊球鞋，就說那雙鞋子可以換了，又說剛買了一雙還沒穿過，叫他試一試。一試，SIZE適合，就直接把新鞋子送給他了。這事讓他經歷到，謙卑聽人建言，美好的事一定會發生。

人的天性很奇怪，常會縱容私欲，讓私欲如脫韁野馬，一發不可收拾。當私欲懷了胎，就會生出罪來，罪既長成，結局就是滅亡。所以需要有師長趁人年幼時，藉由教導和榜樣，啟迪智慧。人接受別人的經驗及建言後，能減少自我摸索及嘗試錯誤的痛苦歲月，也才不會因反覆走錯路，碰了一鼻子灰，搞到混身是血。人生苦短，時不我與，一旦選擇錯誤，有時一回頭已是百年身，就像下象棋，「一步差，全盤皆輸」。失敗次數多了，想要東山再起，談何容易。

與智慧的建言結合，遵循別人的善勸，有時雖如芒刺在背，但忠言逆耳，良藥苦口是必然的。只要捱過一段磨合期，時候一到，美好的果子就會結出來。堅持走自己的路，不聽人家的勸言，落得「不聽老人言，吃虧在眼前」「少年袜曉想，呷老不像樣」的結局，就後悔莫及了。

TIPS

- 讓自己的心謙卑了，才能聽進別人的建言。
- 他人的經驗談，能減少自我摸索及嘗試錯誤的冤枉路。
- 智者會選擇「需要」的，而非個人「想要」的選項。

17 平穩又有彈性的情緒，是磨練出來的

情緒如一匹野馬，想要管控它，讓它平穩又具彈性，就需有一段時間的磨練和約束。人的 emotional intelligence（情緒智商）不是一出生就完全具備，若在年幼、打根基的階段，有好的學習環境及教導，沒有過度膨脹自己，沒有動不動就有過度反應，也沒有帶著受傷的心靈過日子，經過多年「try（嘗試）」與「error（錯誤）」的碰撞學習，要做自己情緒的主人，不做情緒的奴隸，就容易多了。

美國警察常有濫用槍枝的狀況，一時情緒反應太大，隨便射殺人的案例層出不窮。如果受害者是黑人，更會引發黑人社區的反

彈，示威遊行免不了，嚴重一點的，就會產生對警察的報復行為。所以為什麼有的黑人一看見白人警察，就會開槍射殺，就是因為過去有太多警察情緒失控，執法過當。有識之士開始想釜底抽薪，對警察教育提出了改革的方案，希望加強他們職前「情緒管控」的訓練課程。上課學習是必需的，但生活的運用才是真槍實彈。例如，臨檢車輛、查人證件時，不管對象是白人黑人，都要說一句「請」，臉上還要帶著笑容。懂是懂，一下班回家，碰到兩個孩子出手打架，情緒一激動，馬上就會對孩子謾罵，勒令制止。理論與實際有差距的原因，就是「知道是知道，就是做不到」。

人會製造問題，就是沒有把所遭遇到的困難，看成是一場心性及情緒的操練機會，而是想當機立斷，立刻解決，那才是問題所在。人很容易因為高抬自己、不想被得罪、自以為可以解決問題而情緒失控。但失控之後，卻往往還想掌控對方，才會鬧出命案。那些恐怖情人的案件，幾乎都是這樣發生的。他們已經失控了，以致在案發過後，都會說不曉得自己在做什麼。

多年前，我為了幾對關係緊張的夫妻，去了幾趟中國做家庭諮商，這些夫妻之間的情感急需重建。有一位學員分享，說有次他特地去遠方參加三天的心靈饗宴，每天都接受很好的教導，學習怎麼與家人更親近更能善待妻子，不要時不時就和妻子爭吵等。三天下來，他自認已經「畢業」，與妻子關係一定能大為改善。但當時交通不便，又沒手機可用，一出門三天，來回車程各加一天，他與太太幾天都沒聯絡，回到家裡已是深夜。他敲門，房裡沒回應，喊太太名字，也沒有聲響，便以為太太外出，沒帶鑰匙，只好打破後門窗，蹓進屋內。一進屋內，看到客廳燈亮著，太太就坐在那裡。他勃然大怒，出口教訓辱罵。沒想到太太竟然哈哈大笑，說：「你不是學了三天，怎麼回來還是一樣？」

理論是理論，現實是現實，沒有實踐，沒有磨練，就沒有辦法把學到的化成個人生命的品質。我輔導過一個孩子，他從小父母不和，在母親離家後，他就常被父親毒打。被打怕了，常跑到賣場過夜，甚至偷吃東西。社會局把他送來給我們管教，五年多來，他表現良好，只有剛開始會偷同學的東西，後來也都因為我們供應充足，他不偷了。只是他的情緒從國小五年級來時，就非常不穩，常常脾氣一來，就摔東西，並動手打人。

有一陣子，還要吃藥，情緒才能穩定。後來才發現，他心裡對爸爸又愛又恨，恨爸爸把媽媽打跑，又常打他。卻愛著爸爸，因為爸爸會買平板及手機給他。心中矛盾反映在他的情緒上，要打人時，力氣大到幾乎沒人攔得住。國三時，只要不順他意，管他校長還主任都照打不誤。學校為了維護治安，只好報警處理，他多次因傷害案件，被送到少年觀護所坐牢。

對他來說，坐牢是一個很好的警惕，過去他被爸爸打，就學會把怒氣發洩在別人身上，所以法官要他好好在獄中反省，因為打人是不對的。我們則勸他要忍耐，要學習「被罵不還口，被打不還手」，把每次的打擊當作真利益。那時，他才剛滿十五歲，人很聰明，功課也不錯，學習能力很強，在牢房裡，遇到有人挑釁，他也試著不再出手打人，也不敢出口罵人，頂多只是做個小動作，用身體緊緊的靠著對方，這已經是很大的進步了。

我就在想，上面說的打人的爸爸，或開槍的警察，甚至是那位進不了家門，就大罵妻子的丈夫，如果他們在每天的生活當中，能常對自己說「不」，不覺得自己有權力發怒，不自以為聰明，或比別人高明，好好學習忍耐，也許情緒就不致於過度激動。當然，他們也要學習從正面看事情，謙卑地把所有發生在身上的痛苦，都看成是冬天的進補。

說真的，存這種心態過日子，幾年後，回頭再看，就會發現原來情緒內控的力量，是磨練出來的，是用很多淚水，汗水，換來的，不是上幾堂課，就能學到的。發展平穩、有彈性而不極端的情緒，得依賴每天的修練：善待他人，是不可或缺的條件之一。若是能行，總要與眾人和睦。看別人比自己強，謙卑一點，就不會反應過度，人際相處就能平安順遂。

TIPS

- 把所有發生在身上的痛苦，都看成是冬天的進補。
- 沒有實踐，沒有磨練，學再多的理論，都進步有限。
- 不自以為比別人高明，情緒就不致於過度激動。

18

拔除癮頭，才能成功戰勝壞習慣

從過去三十年的監獄教化經驗得知——壞習慣愈多，坐牢機會愈大。這也是我常苦口婆心地勸告受刑人及年輕人的一句話，我多麼希望他們盡早知道壞習慣如果不除，身心靈的捆綁就愈加重，影響所及，可能危害到自己一生的幸福。

如同八十七歲高齡、才過世的孫越叔叔，他從年輕時代就開始抽煙了，煙癮愈養愈大，雖然心知肚明抽菸有壞沒好，但想戒，也真的戒不掉，最後身體變差，還得了肺腺癌。吸菸沒有犯罪，他並沒有因為吸菸坐牢，但那種多年被菸癮捆綁的痛苦，其實，不亞於坐牢。

孫叔叔因緣際會下，成了反菸代言人。他以自身經驗來勸告社會大眾，特別是在獄中的受刑人，千萬要趕快戒菸，才不會像他一樣，因為呼吸道受到嚴重感染，常跑醫院急診。

我常提醒更生團契的男員工男老師，上完廁所後，若廁所沒有供應擦手紙或烘乾設備，記得要用手帕擦乾，千萬別忽略衛生，一雙溼溼的手猛甩，試圖把手上的水漬甩掉。這樣不僅地板會留下水滴，也可能把水滴甩到別人身上。

所以啊，我總會建議老師們的口袋裡一定要放手帕、衛生紙，當然，學生要出門、去學校前，都要檢查他們有沒有帶上這兩樣東西，免得落得打噴涕時沒東西可以遮鼻子，或隨地吐痰，甚至嚴重一點，上大號、沒有衛生紙時，乾脆不擦屁股就走人，可就真的噁心透頂了。

不擦手和亂丟垃圾、亂丟菸蒂一樣，都算是壞習慣。在一些便利商店的門口，常會看到一群人聚在一起抽菸，抽完了，人散了，菸蒂丟滿地，卻一點都不在乎。有的還會把菸蒂丟進水溝裡，經年累月的結果，一下起雨來，下水道就塞住了，積水一多，就很容易釀成水災，受害者是社會大眾。一人的惡習，變成眾人的惡夢，實在很不應該。因此，壞習慣不能等閒視之，一定要盡全力予以勝過。

監獄裡的受刑人，幾乎人人在入獄之前，都有菸、酒、賭、色、毒、檳榔、紋身、幫派等問題，詢問他們有幾樣，不少人是樣樣都有。這些惡習在監獄裡可是禁忌，除了抽菸後來改成合法，可以定時定量定點使用之外，其餘幾乎都不可能在獄中出現。但是為什麼一個人都被限制這麼久，一從監獄被釋放出來又再犯，好像永遠脫不了身呢？

理由很簡單。因為他們不認為那些東西是不好的，也不知道使用那些東西會有什麼嚴重性，或對社會大眾會產生什麼不良影響。其實，就是他們的思維比較狹窄，沒有機會看到一個人的惡習，將會影響多少人。

菸如果是好的，為什麼吸菸及吸二手菸三手菸的人容易得肺癌。吸毒如果只是毒害自己，又怎麼會搞得家破人亡，妻離子散。雖然喝酒對於成年人而言不算犯法，但是一杯又一杯黃湯下肚，喝醉之後，酒駕或酒後亂事卻經常發生。

也就是說，這些有爭議性的物質，要是使用者沒有節制，就很容易惹出天大的禍患。更確切的說，不是物質的問題，是使用者本身，有沒有看到問題的嚴重性，及有沒有意志力去對這些有害的東西說「NO！」

至於要如何才懂得說「NO」呢。有些人是痛定思痛之後，才義無反顧地拒絕，像孫越叔叔，他就是在知道菸害他不淺，也害身邊的人吸了他的二手菸三手菸之後，才靠著信仰的力量，和菸一刀兩斷。不過，有些人是喝酒慣了，常常酩酊大醉，若也要等到哪一天出了車禍，或酒後亂性動刀殺了人、犯了罪，付出昂貴代價才想戒除，就未免太晚了。

未雨綢繆，釜底抽薪才是根本解決之道。正所謂，解鈴還須繫鈴人，唯有自己，才能幫助「自己」。好多年前，更生團契在永和的中途之家，收容過幾位曾經吸毒的更生人，經過輔導員一段時間的調教，他們不但不再回籠，在社會上還能做一番有益大眾的工作。有一次，我帶著這七、八位更生人到監獄去關心受刑人，唱歌彈琴，講改變生命的故事，並鼓勵獄中的受刑人將來出獄可以來中途之家。

結束後，典獄長請我們幾個人一起吃便當，輪到他致詞時，他道出戒毒成功的祕訣。他說，「剛剛這些同學都在感謝上帝，感謝更生團契，感謝家人及社會的接納，確實，這些都應該感謝，但他們忘記感謝一個人了！」

坐在臺下的我們面面相覷，以為是剛剛忘了感謝典獄長了，正想自責時，他繼續說「他們都忘記感謝『自己』！」典獄長說的沒錯，自己不想改，誰逼都沒有用。關了好幾年，在獄中沒得吸毒，出獄後就去吸，那不是白白被關了嗎？

每個人都應該好好地保護自己，不論是在身體上或心態上。更需要明白會讓人養成依賴性的，通常不會是好東西，會讓人第一時間感覺舒爽，後來卻由不得自己的、被它捆綁住的、叫人難以脫身的，都要拒而遠之。

菸、毒、酒都一樣，都會讓人身心產生巨變，明明知道自己日子過的一蹋糊塗，卻有個無形的桎梏，讓人愈陷愈深，根本難以從中解脫。身受其害者眾，每一個人都應引以為戒，並從別人的失敗中學功課，就不會重蹈覆轍了。

除此之外，現今社會還有一種新出現的癮，很多人都無法自拔的深陷泥淖，那就是網路成癮的問題，這也是需要特別注意的一種癮。當然，我不是說玩手機或上網要完全禁止，畢竟有了網路與智慧型裝置後，生活確實便利不少，也省去很多時間。但若是影響正常的生活作息或工作學業，被網路捆綁到日夜無法停歇，身心失調，到精神不濟，疾病纏身，那就真的是事情大條了。要是發現被手機平板黏住，自己試過很多次都戒不太掉，就效法孫越叔叔吧，去教會，嘗試看看透過信仰的力量，能不能擺脫惡夢，勝過惡習。

TIPS

- 壞習慣影響所及，可能危害到自己一生的幸福。
- 一個人的惡習與不良作為，唯恐變成天下人的惡夢。
- 解鈴還須繫鈴人。自己不想改，誰逼迫都沒有用。

19 好習慣會帶來意想不到的改變

一般人都聽過「習慣成自然」，但要養成好習慣，至少需要四年的時間。不過，要把好不容易建立起來的好習慣破壞掉，卻只需要短短三天。當然，習慣維持愈久，愈不容易更易，就像我從高一開始，就天天寫日記，已經維持了五十幾年了。現在要我不寫日記，如同一顆已紮根五十年大樹，想憑著雙手就要拔除，談何容易。

很多監獄的官員都知道，出獄後的三天是「黃金時間」，便一再提醒即將出獄的煙毒更生人，捱過去前三天，這輩子有機會不再吸毒。根據經驗法則，煙毒犯在獄中多年，生活作息已建立一定的規矩，幾點鐘起床、睡覺或運動，都有固定時間表，而且在裡面本來就不能喝酒、吸毒。既然在獄中習慣都養好了，就千萬不要在出獄後「換了位置，就換了腦袋」。所以，出獄後三天是個大考驗，必須堅持下去。要不然，一旦多年養成的好習慣被摧毀，再度吸毒、回籠的機率就非常高。

花蓮少年學園至今已設立十六年多，這些年來，每天一大早，只要天晴，師生們起床盥洗完畢後，都會到操場做體操，做呼吸運動。若是下雨天，就利用行政大樓的大走廊做早操。這樣早起呼吸新鮮空氣，動一動手腳，學生個個體魄健全，身手矯捷，騎上獨輪車，個個都是高手。我個人陪著他們一起做早操運動，也覺得受惠無窮，年紀雖已一大把，但沒有筋骨痠痛的問題，因為四肢常有機會活動，百節各按其職，彼此合作聯絡得非常合適，身體因此能免於疾病困擾。

我聽過臺積電前董事長張忠謀先生的演講，他說過，他之所以到了八十幾歲還是那麼健康硬朗，是因為他奉行一些基本的身體保健原理。大概從六十幾歲起，他每天的飲食都很清淡，也幾乎不熬夜，晚上十一點一到一定要上床休息。另外，他不管有多忙都會運動，一天至少花半小時活動筋骨，走路、慢跑都行，反正就是要動一動。

不管年紀多大，要是能像張董一樣，食衣住行育樂都是節制，養成良好習慣，活到老，學到老，做到老，想要達到「老而彌堅，老當益壯」的境界，就不是不可能了。

我在高三年那整年，都與當時教會的一位年邁的牧師同住，他總是早上五點多起床，就把我叫醒，要我和他一起讀聖經、靈修、禱告。因為這樣的學習與磨練，奠定我良好的基礎，至今五十幾年過去，我還是每天有靈修有禱告。我把這樣的好習慣，帶到辦公室，每天早上八點鐘開始，同事們就先靈修，讀經禱告並分享，約進行兩個小時，之後才開始正式上班、接電話。我想，更生團契能維持穩定的局面，很大的因素是辦公室同事養成殷勤持恆的禱告習慣，才有一股力量去影響更生人，進而讓他們願意改變自己的生命。

有的人不但生活上有好習慣，連態度上也有特別的好習慣，像日本人與人打招呼，就會習慣性地低頭彎腰，讓人覺得謙卑，很有誠意，當禮儀蔚為風氣時，就能變成文化資產，成為增強國力，奠定國家尊嚴的重要基石。另外，我也發現，微笑也可以是一種習慣，時時保持好心情，常常掛著笑容，就能有人見人愛，令人欣喜的魅力。好習慣愈多，對自己氣質的提升與對他人的影響力也愈大。

人需要一顆平靜的心，無論遇到任何困難，都能以平常心看待，這通常在養成好習慣後，才能辦得到。平時操練「天塌下來有人頂」的氣度，擁有「peace of mind」的心境，也是一種高尚的情操。「泰山崩於前而色不驚，麋鹿興於左而目不瞬」這種不為環境所動的修養，也是從好習慣來的。

就像我所認識的孫越叔叔，他每一次一搭上車，不管多少人在說話，他就是有辦法睡覺，因為過去他還在拍電影時，長期睡眠不足，一有時間就補眠，早已養成隨時隨地都可以睡的功力。因為這樣的功力，他才有精神和氣力去幫助很多社服單位，成為他們的終身志工。

我常在思考，有的人為什麼年紀不大，看起來卻很老氣。這大概和精神有關，有人是未老先衰，沒幾歲，就老態龍鍾。我擔心自己是那樣，這幾十年來，時常提醒自己要「挺胸」，要養成抬頭挺胸的習慣，果然有效。人不彎腰駝背，一站直，頂天立地，看起來就精神飽滿，彷彿每個細胞都充滿幹勁，活動力一強，就覺得此生不虛，活得很值得。

TIPS

- 養成好習慣，至少四年。摧毀，卻只需短短三天。
- 要有「天塌下來有人頂」氣度和「peace of mind」心境。
- 好的態度可以提升自我的氣質，發揮對他人的影響力。

20 珍惜獨處的機會，培養獨處的本事

多數人都喜歡熱鬧，就像麻雀一樣，幾乎都是整群整群玩在一起，吱吱喳喳，飛上飛下，活得愉快又不無聊。反觀老鷹，多半獨來獨往，還得花功夫飛出去覓食才能存活。

人算是群聚動物，天生下來，就需要有人陪，才覺得有安全感。單獨一個人的時候，就顯得很不太自在，深怕有什麼事情發生，自己沒辦法處理時，會危及生命安全。尤其是小孩子及老人家更容易有孤寂感，需要有人隨侍在側。這也無可厚非，人本來就需要同伴，彼此扶持，互相幫助，才能把事情做好，讓人身心靈滿足。

能獨處是一種本事，這得經過很多的磨練。獨處能增加思考的能力，一個人在寧靜的環境中，腦筋不受外界的干擾，能集中精神，思緒非常清楚，要想寫什麼，做什麼，靈感如泉湧，很快就能完成。獨處之時，更能享受自由自在的樂趣，要穿什麼都可以，不受禮儀約束，不用擔心別人異樣眼光。可以說，要怎麼樣就怎麼樣，沒有人管，自己就是「皇帝」了。

問題來了，獨處沒有自我約束，就有可能會因濫用自由，為所欲為，變成一隻偏行己路的迷途羔羊。我所知道的問題家庭的孩子，由於沒有家人的約束或照顧，就可能趁著「神不知，鬼不覺」時割腕自殘，燒炭自殺，吞安眠藥，結束自己的生命。

以前我知道一個牧師，他擔心自己在獨處時會放縱私欲，所以對自我要求很高，其中一個是要自己不論出差到哪裡，進了旅館以後，就要馬上用一塊布把電視機的螢幕遮住，深怕無別人在場時，自己擺著正經事不做，一直看電視，浪費太多時間。然而，現在智慧型手機到處都是，外宿大概沒多少人在看電視了，反倒看手機滑手機比較要緊。加上手機的聯絡方式又那麼多，群組也多，一天到晚都有人在聯絡、傳訊息，想要在忙碌的一天之中，找到能夠獨處的時間，什麼都不接，什麼都不看，居然成了遙不可及的奢望。

過去在美國上班十幾年，從家裡開車到上班處至少二十五分鐘，那就是我的獨處時間。我可以思考到了辦公室後要做什麼，也邊聽廣播。早上那段時間正好是一位神學院牧師的講道節目，幾年下來，一天一點，累積起來，受益匪淺。藉著這個機會，我學會很多聖經真理，也試著將這些真理運用在生活中，幫助自己也幫助很多的人。

獨處是一種考驗。多年前與一位牧師到中國去關心教會，晚上我們兩個人住同一家旅館，但不同的房間。我晚上大約十點鐘就上床睡覺了，才躺上床沒幾分鐘，電話響了，我以為是同行的牧師要交代什麼，接起來卻是女人的聲音。

「要不要按摩啊？」我一聽就知道這可能是個誘惑。

『不要吵我，我已經在睡覺了！』我馬上回答。

「可是按摩，挺舒服的……。」對方不死心繼續說。

沒等她講完，我就把電話掛了。

第二天見到同行的那位牧師，便問他有沒有接到這樣的電話，他說有，但也是不理對方。可見獨處的時候，很有可能因為自制力不足，身陷色情的引誘中，導致一夜情婚外情破壞家庭的和諧。很多人都說到中國大陸旅遊辦事工作的，能不沾染色情的，幾乎少之又少。

獨處更是考驗人品的方式之一。是什麼樣的人，在獨處時便彰顯無疑。一九九八年有部電影叫《楚門的世界（The Truman Show）》，就是在描述一個人生活在五千支隱藏式攝影機下，每天每分每秒、隨時隨地、不分晝夜、一舉一動都被轉播。要是知道有攝影機盯著瞧，也就是說知道「隱藏的事，沒有不被顯明出來」的，自然不敢自欺暗室。在透明世界活久了，光明磊落的人品便會逐漸形成，沒有一點陰影的存在。

更生團契在臺北的辦公室很小，才十八坪大而已，但平常擠了十幾位同事。早上八點鐘上班，中午休息一小時，下午五點就可以下班，偶爾有幾位同事會忙到五點半才離開。通常我都是最後一個，離開時大約是六點過後了。但五點半到六點這半個小時，是我最享受的時刻，因為沒有電話，沒有別人，只有我一個人獨處，我可以安靜地想點事情，寫點東西。

要想獨處，在這忙碌紛擾的世代，很不容易，但認真去安排，去尋找，總是能找到這樣的機會。培養獨處的本事很重要，因為獨處可以讓人靜下來，和天地合一，進入一種崇高的思考境界，從不一樣的角度，看到另一種視野，也領受在另一個境界裡的許多祝福。

TIPS

- 獨處能享受自由自在的樂趣，不用擔心別人異樣眼光。
- 活在透明世界，自然不敢自欺欺人，養成光明磊落的人品。
- 沒有自我約束的獨處，恐怕會因為濫用自由，迷失方向。

21 心中要有愛，但可不能到處亂愛

現今社會情感問題層出不窮，男女相愛本無可厚非，偏偏剛開始愛得很好，你儂我儂，卿卿我我，彼此產生不愉快時，愛情就會開始變質，久而久之，該愛的，愛不來了，還可能因為沒有好好解決問題，由愛生恨，一氣之下，就把對方砍了殺了。於是，情殺案屢見不鮮。

該愛的對象不只情人，還包括自家人，像父母、兄弟姐妹等，既然都有同樣的血源，理當相親相愛，常在一起吃飯聊天或旅遊，增進感情，當碰到問題，要學習互相忍讓，彼此包容，化解冤仇，遮蓋過錯，讓人看到兄弟合睦同居，是何等的善，何等的美。更美的事是數代同堂，與長輩關係長期和好，真的會令人感動佩服。如果從小沒有好好被教導，又沒有學習榜樣，家人間老為了一點小利益爭執與衝突，後續就容易發生兄弟鬩牆、鬧出人命的悲慘後果。

該愛的對象，也包括一些需要被幫助的人，即使不認識，基於「四海之內，皆兄弟也」情懷，若他們餓了，就給他們吃，若他們渴了，就給他們喝，若他們累了，就留他們住。

以色列人自詡為全世界最樂善好施的民族，就是他們有個習俗，每三年要累積十分之一的物資，捐助外地人。這是他們祖宗流傳下來一個美德，為的是在自己蒙受祝福後，也要成為別人的祝福。他們認為做給那個微不足道之人的善行，就是做給上帝的，上帝一定會還給他們許多祝福。

被囚禁的人也需要被愛。人類天生被賦予自由意志，坐牢時被剝奪自由權後，尊嚴和人格一起掃地，到處被人瞧不起。臺灣監獄受刑人目前約有六萬五千人，每個人都覺得日子過得很痛苦，不但人身失去自由，連居住的空間，每人分配不到半坪。因此受刑人格外需要心靈的教化，不然身體和心靈都深受煎熬時，想要改變自己，都覺欲振乏力，只好每天混水摸魚，得過且過，難怪出獄以後，再犯率高達七八成。

重病的人更需要愛。他們通常無法自理起居，要有人看顧照護，病得嚴重一點，想死，死不了，想活，卻活得不精彩。著名的體育主播傅達仁先生八十四歲得了胰臟癌，痛苦萬分，靠施打嗎啡才能度日。他請求國內讓安樂死合法卻不被獲准，只好到瑞士去了結自己的生命。可見身在痛苦無助環境中的人，極需有人安慰和鼓勵，這樣的他們才有繼續活下去的勇氣。

刑案被害人需要被愛。每年至少有二十幾萬的受害者，最多的是車禍事件。這些被害人的痛苦，我們要感同身受，將心比心，誰都不能保證，下一秒鐘被害的人不是自己。像小燈泡的媽媽，帶著六歲孩子在路邊走路時，哪裡想得到一個莽漢、一把利刃，小燈泡的生命就此中止了。被害人身心靈的痛苦，雖然沒有經歷過的人很難理解，但寄予關心是每個人都能做到的。

該愛的，要好好去愛。不該愛的，就不能亂愛。像錢，就不能亂愛。正所謂「君子愛財，取之有道」，以勞力賺取的，心安理得，用之無愧。最怕的是不義之財，這往往與「貪」有關。貪可以說是萬惡之根，尤其貪戀錢財，往往會讓自己陷落在網羅裡，無人前來營救，只能終日被愁苦刺透。一些貪官汙吏、黑心商人，乃至販毒之人，多是因為貪財鋌而走險，可惜法網恢恢，疏而不漏，鋃鐺入獄的大有人在。

不義之財總是會不翼而飛，因為那些錢原本就不是屬於自己該擁有的。在獄中，比例占最多的是經濟犯，大約有七成。這些人都為了貪財而入獄，但最後經常落得一窮二白，白忙一場。就算有辦法捲款出國，逃過牢獄之災，買到豪宅，極度享受，但由於害怕被人認出，幾乎足不出戶。即使出了門，也是行色匆匆，躲躲藏藏，毫無機會真正呼吸到自由的空氣。萬一客死他鄉，更是抱憾終生。

財不能貪，色也不能貪。婚姻人人都當尊重，床不可汙穢。已婚的男女就應該善盡同床義務，不應該與配偶以外的對象發生性關係。那不但會傷害夫妻之間的感情，也可能因此惹出一身病。有些支離破碎、夫妻情感生變的家庭，其中的裂痕就是源於婚外情，這種裂縫要想要進行修復，可說是難之又難。畢竟，不僅傷害已造成，個人的信用也搖搖欲墜。

談愛，好像很容易，其實要愛得對，很不容易。什麼叫做愛得對，就是要正確去愛，愛那些應該愛值得愛需要愛的人。愛人不可虛假，該愛的，要愛，不該愛的，不能隨便亂愛。真愛不變，也要有能力不亂愛，更要有度量和能量，去愛那些不可愛的人。

TIPS

- 愛是要互相忍讓，彼此包容，化解冤仇，饒恕過錯。
- 重病者、被囚者、刑案受害者需被愛，才有活的勇氣。
- 愛需要被幫助的人，更要有度量愛那些不可愛的人。

22 勤能補拙，勤能致富，一勤天下無難事

我在美國的家後院，養過三年的義大利蜜蜂，因此能近距離觀察蜜蜂的習性，知道牠們實在非常勤勞，忙進忙出不全為自己，而是為了全體。雖然生命不過一兩個星期，仍是非常努力，尤其在夏天，更是加倍奉還，把生命活到最高點，為的是儲存糧食，好讓整蜂窩到了冬天沒有花蜜可以採時，仍有蜜汁和花粉可以裹腹充飢。

螞蟻也是一樣的。牠們沒有君王領導或指揮，但在夏天會主動去聚斂食物，一整群出動，一個接一個排著隊，按部就班，像極了工廠的生產線，分工合作的把食物的小碎渣搬回蟻窩。目的

也是未雨綢繆，讓冰天雪地、難以外出的冬季，還有東西可以吃，不用餓肚子。

我念初中時，因為以色列君王所羅門（Solomon）說的一句箴言，受感動後就不敢再偷懶。我甚至把箴言抄下來放在床邊，那陣子總是經常提醒自己。晚上上床時看一下，早上該起床了，還想賴床時，只要看到那句話，就會趕快爬起來盥洗，準備去學校上課。那句話說「再睡片時，打盹片時，你的貧窮就必如強盜速來」，小時候想法很簡單，我單純是怕長大以後會變窮而常自我警惕，不要偷懶，不要貪睡，不然以後可能會做乞丐討飯。

人會懶惰，是有原因的，貪睡是其一。其實，睡覺睡個八小時很正常，但很多年輕人晚上十一二點、該睡時不去睡，總是忙東忙西，看這看那，到凌晨三、四點，身體不堪負荷，才想關掉電腦或手機上床。因為沒有足夠的時間休息，就會覺得精神不振，常想補眠，以至連上課上班時都在打瞌睡，好像都永遠睡不飽一樣，人變得萎靡頹廢，做什麼都提不起勁，最後也就真的成了懶人一個。

找藉口則是懶惰的第二個原因。人都怕失敗，也怕危險，所以對不熟悉的事務，並沒有太多的意願去做，愈不想做，愈裹足不前，愈沒有成功的機會。不想做，也開始找理由搪塞，理由愈多，愈不能創新，落得一事無成的下場。加上經驗不足，練習不夠，成事不足，敗事有餘。懶惰的人，就算繼承許多家業，也會坐食山空，花光家產，終究成了敗家子弟。

懶惰的另外一個原因，就是吸毒。吸毒的人，特別是吸海洛因，會變得懶洋洋、無精打采的，既然懶得動，什麼事情也都懶得做。我在戒毒村與煙毒犯同住過三個月，團體輔導時，就聽一個人說他吸到茫茫然時，鼻端上剛好停了一隻蒼蠅，他覺得不舒服，很想揮手趕跑它，但就是無力出手，因為動彈不得，甚至異想天開伸出舌頭，看看能不能把蒼蠅趕走。吸毒吸到懶成那種地步，還真的令人嘆為觀止。

殷勤的人，就是知道殷勤的好處，知道就算天生不夠聰明，但勤能補拙，勤能致富，一勤天下無難事。好比我過去學柔道，雖然個子不大，但我認真練習，每一堂課都盡心盡力，從不混水摸魚，大概因為練習足夠，我大三就被遴選為柔道校隊，也曾為學校爭了一點點光。

住在花蓮少年學園的孩子，個個都得練習騎獨輪車，為的是要操練他們的體魄，養成不怕挫敗的精神。有些孩子天生害羞膽怯，或運動細胞不夠活躍，別人三天學會，他們得多加練習。人一己十，兩個禮拜以後，也會騎了。勤勞加上耐性，就會有很多祝福，如耕田種植，多半也要等候一段時間，才有收成。

勤勞的人腳踏實地，不會講究速成，不會急功近利。懶惰的人都想著一夜致富，才會去販毒，去做詐騙集團的工作。想要不勞而獲，是非常扭曲的價值觀，也是懶人才有的想法。進了監獄若還不知悔改，還是會想著出獄後大幹一票，以為這樣就可以一輩子衣食無慮，過著聲歌載舞的生活。

「天下沒有白吃的午餐。」人就是人，上帝給人都有雙手雙腳，是拿來做事的，愈用愈靈活，愈不用愈會生鏽。我們應該效法馬偕博士來臺的宣教精神，就是「寧願燒盡，不願鏽壞（Rather burn out，than rust out）」，天生我才必有用，多一點殷勤，才能從勞動成果中，獲得祝福。如同蜜蜂，辛辛苦苦採集，人類才能吃到那些蜂蜜和蜂王漿，難得的人間極品和獨特美味。

我常用自己在臺灣監獄義務教化三十年的經驗告訴朋友，努力工作是人人該盡的本份，偷懶也是一天，殷勤也是一天，可是結果卻大不相同。人都希望自己成為有用的人，有點成就感，但不努力工作，就會落得一事無成的廢人窘境。堅持做該做的事，不蹉跎光陰，人生就沒有留白，了無遺憾。

TIPS

- 懶惰使人貧窮，不只物質貧窮，心靈也會感到匱乏。
- 堅持做該做的事。人生不留白，生命就了無遺憾。
- 勤勞加耐性，如虎添翼，能獲得甜美的果實與祝福。

23 要謹守分寸，不要踰越規矩

華人最重視倫常，這是固有的道德文化，幾千年前就流傳下來叫人遵守。年幼的時候，我就被教導要尊師重道，孝敬父母，如今社會，特別是年輕一代，懂得四維八德，五倫五常的已經愈來愈少。這些特有的傳統文化，在一切講究實用速成的科技時代，其影響力似乎已如強弩之末，微乎其微。

難怪很多人擔心如果不再發起文化復興運動，恐怕以後的世代，會因為沒有倫常，而使人與人間的交流沒有分寸。當大家都自以為是，叛逆違常，胡作非為，整個社會秩序肯定大亂，國家也差不多要亡了。

我有個建築師朋友，從美國回來臺灣協助我們蓋房子，為了方便與他談論建築工程，他就住在中途之家的宿舍。相處久了，彼此熟悉，有一些我們收容的小朋友，就開始與他勾肩搭背，不尊稱他為師，把他當成一般同學般叫他。我覺得小朋友不夠尊重長輩，特地說教了一番，畢竟他的年紀當他們爸爸都可以了，不能這樣隨便亂稱呼，更不可以勾肩搭背。還好學生接受了勸告，從此態度改變，對建築師也不再像過去那樣沒大沒小。

孔夫子說，「君子有三戒：『少之時，血氣未定，戒之在色；及其壯也，血氣方剛，戒之在鬥；及其老也，血氣既衰，戒之在得』」，就是在勸戒做人做事要有分寸，不要逾越規矩，不然很可能會害到自己，也傷到別人。好比現在這個時代資訊爆炸，卻少有配套與把關，年紀輕輕的孩子受到網路影音的影響而偷嘗禁果不在少數。十八歲以後更是血氣方剛，如果不懂得約束脾氣，逞兇鬥狠，刀光劍影，也難免會橫死街頭。再老一點，體能已衰，還貪得無厭，不懂得分享，註定一生孤寒，到頭來，人死了，錢帶不走，誰也不會想念他。

孟子說「富貴不能淫，貧賤不能移，威武不能屈」，這三個「不」字確實是對很多不知分寸的人的很好勸言。看看世界上那些富商巨賈或達官貴人，很多是自己享盡榮華富貴，卻不會陷入「飽暖思淫逸」的泥淖裡。二〇一七年由美國女性發起「#Me Too Movement」的反性侵運動，如火如荼地在全球發燒，就是對這些「富而淫」之人的巨大反撲勢力。至於貧寒之輩，還是有手有腳，認真工作，也能養活自己，何必偷搶拐騙，冒險去從事那些犯法的勾當。威武不能屈是告誡人要有節操和倫常，萬一碰到極大壓力，強逼我們放棄原則時，要有骨氣，像竹子一樣有「節」，免得有辱自己的人格。

我有個當典獄長同學，彼此非常知心，常常互勉。他雖然已經退休，但過去他說過的一句話，常在我耳際迴響。在警察大學受訓時，同學都知道我是基督徒，他們也覺得基督徒就應該有好品格好行為，謹守分際，不貪汙，不好色，不……。後來，我去他的監獄教化，他對我說「從以前念書時代開始，你就是我們的『標竿』與榜樣，你不能倒喔，你倒，我們就完了。」

既然知道同學這麼看重我，期待又這麼高，我就愈發謹慎自守，不敢大意，隨時提醒自己不要被世俗玷汙，對於財、色、名都要格外小心，以免犯了錯，毀了名聲。

孔夫子說「七十而從心所欲，不逾距」，因為不逾矩需要時間，更需要下功夫，否則何必等到七十歲。我服務的更生團契，在全臺灣有百位同工，他們時時注意自己的言行舉止，力求一舉一動都中規中矩，免得留給別人在背後有批評辱罵的把柄。像進入監獄教化，不要隨便批評別人宗教，也不能替人犯傳遞書信、攜帶違禁物品。要不然哪天東窗事發，不但自己可能坐牢，還會影響整個團隊的聲譽，那就真的因小失大了。

有一些員工雖然已經離職，還是自我提醒「不逾矩」，免得犯了過錯，別人也會聯想到他曾經服務過的更生團契，因而猜測其他人也許也犯過同樣的錯，只是刻意隱瞞，不然怎麼會到現在才爆發出來。

前一陣子，有個離職二十多年的員工見到我，他向來很感謝更生團契過去對員工的教導，所以就算已離職多年，仍堅持原則，潔身自愛，不冒犯人得罪人。神也很祝福他的家庭，現在他已成了阿公級人物，還是一樣愛家愛人。臨別之時，他說我的典獄長同學說的「你是我們的『標竿』……」那句話，變成暮鼓晨鐘，隨時隨地都在提醒嚴守分際的重要性。

TIPS

- 謹記孔子三戒，不要逾越規矩，免得害人害己。
- 莫忘孟子三不，無論身處什麼環境都要守本分。
- 朋友彼此互勉，以免粗心犯錯毀譽，辜負期望。

24 雖然能幫的人有限，但能做的事不少

參與監獄教化工作三十年，我幾乎看盡人生百態，對一些人犯的淒涼身世或成長過程所受的苦楚，倍感心疼。有的人出獄後生活仍然困頓，我們總盡力協助，至少讓他們住進中途之家過正常生活，接受一些栽培，安定後再求未來發展。

有的因為過去被傷害太深，就算更生團契給予鼎力協助，還是無力回天，只能眼睜睜看著他們又走回頭路，而且幾乎是一去不復返。唉，明明知道應該予以挽回，但外面世界拉力更大，實在愛莫能助。畢竟，有那麼多人有需要，可我救不了太多，令人扼腕，傷心逾恆。

冰凍三尺，非一日之寒，我收到的這封信就道盡受刑人之所以會走向不歸路，其來有自，對於一些特殊的個案，有時就算有三十年老經驗的我，也覺得一籌莫展，束手無策。

「黃牧師，展信愉悅！

我想跟你說我的故事。

小時候，我是跟父親一起住的，那時候我和父親感情很好。但忽然有一天，父親帶我去家扶中心，接著我去到寄養家庭。寄養家庭的爸媽，本來就有自己的小孩，我希望跟他們成為兄弟姐妹，可是他們會陷害我。比如說我偷錢、打壞東西，反正都把責任推到我身上。即使我向寄養父母說沒有，他們還是不相信，只相信自己的小孩。所以，就打我、罵我，不然就叫我罰跪一整天，不給我吃飯。

當時我好恨寄養家庭，也恨我的父親不要我。於是，常常離家出走，餓了，就去便利超商偷麵包吃，累了，就去公園休息睡覺。有一次，家扶社工帶我去△△的育幼院住，那時我才小學二年級吧。住沒多久，就被一些年紀比我大的學長欺負，要不就小便在我的衣櫃裡，要不就半夜尿尿在我被子上面。我很怕他們，也不敢向老師反應。有一天夜裡，幾個人把我抓起來，開始打我、踢我，我真的很恨他們，但事後也只敢默默躲起來哭。

升上三年級，家扶社工來帶我到新的寄養家庭，結果還是跟以前一樣。有一次，社工跟我說，我父親在監獄，我那時還不知道監獄是什麼，反正我只知道沒人疼我、愛我，我更常離家出走了，前前後後也換了好幾個不同的寄養家庭。

十一歲的時候，我被家扶社工帶去★★兒少學苑住，那裡的學生都是男的。住了一段時間後的夜裡，四、五個學長把我抓起來，不知道用什麼套住我的頭，一開始先打踢，打完了，就脫下我的褲子，對我強暴、輪姦。我想盡辦法反抗、大叫，可是手腳被壓住，嘴巴被塞住，我只能哭。我當時真的好痛好痛。

結束後，他們威脅我，說這件事情不准跟老師說，不然就要打死我，我只能點點頭，因為我心裡真的好恐懼。默默地走回舍房，然後去洗澡，我想把身上的髒東西用力洗掉，可是發現我的屁股流血了，流了好多好多，真的好痛。

我不知道該怎麼辦，後來他們變本加厲，常常在半夜就這樣對我。每次結束之後，我都默默地找個地方躲起來哭，甚至覺得自己乾脆死一死。有次，我偷偷藏了一把美工刀，結束後就割手腕，當時是被救回來了。

這場惡夢一直持續到哥哥來接我回家裡住。我住兒少學苑是從小學五年級到國中二年級，差不多四年多，終於可以離開這個惡夢了。可是我的心早已封閉，像個自閉症一樣，不愛說話。現在想起還是會怕的，家人還不知道我以前的事情，因為我不敢提。

我怕家人可能再度不要我。我覺得自己好骯髒，也恨自己因為這樣變成不男不女的樣子。其實，從以前到現在，我一直想要有個知心朋友，可是我覺得我沒有資格跟人交朋友，只好玩線上遊戲交網友。我哥哥和父親都以為我沉迷遊戲，而我只是想知道，有個朋友是什麼樣的感覺。

雖然住在一起，但我和父親很陌生，或說我跟我的家人都不是很熟。大概是我自己的問題，因為我無法跟家人相處，一直把心封閉起來。我不知道這樣的自己還有未來嗎？我對自己沒有信心，沒有才華，沒有一技之長，這樣我還有人生嗎？我大概永遠比不上別人，但我很希望我父親原諒我。

黃牧師，你可以跟我的父親談談嗎？我求你幫幫我。我出去後，可以住中途之家嗎？我想改變及認識耶穌基督，不知中途之家有一技之長的訓練課程嗎？我想學習自己喜歡的一技之長。希望你不要介意我太囉嗦。

祝
以馬內利

學生葉○○筆」

這孩子留了父親的手機號碼給我，我打了幾次，電話都打不通。我有回他的信，期待他出獄後，可以來住中途之家。只可惜後來音訊中斷，我們就再也沒聯絡了。我不知道要怎麼幫助他。他受害那麼深，心靈未得醫治，難免會因為過度自怨自艾而自甘墮落。期盼他還能寫信給我。

我常在思考，我能為這樣的人做些什麼，才能有更實質更具體的幫助。像這樣自監獄寄給我的信，每天都會收到幾封，有的文筆流暢，字跡漂亮。有的字體歪斜，龍飛鳳舞。但我曉得他們心裡多少有些不平衡。信看多了，發現他們有個共同的需要，就是要人關心他們，要人做他們的朋友，好為他們療傷止痛，為他們指導迷津。
只是誰肯花時間在他們的身上，誰又願意做他們的朋友。

TIPS

- 協助更生人安定下來，就是對他們最好的幫助。
- 當沒人合作抵抗外界拉力，受刑人往往走向回頭路。
- 心裡不平衡的人，最需要有人關心、跟他做朋友。

Part 3 與人合作

要經營人際，要關心他人，不要只想著成為焦點。
一己之力微薄，但眾志成城，人一多，能力就大了。
相愛容易相處難，「妥協的藝術」為家人關係加分。

25 找到對的人，才能得到有力的幫助

婚姻有問題，要去找婚姻輔導。要找工作，要去職業介紹所。要找回健康，找保健中心或醫院。要學籃球，最好去找NBA的球星當教練。術業有專攻，行行出狀元，要想解決問題，尋求最好的發展，要找到對的人，才能事半功倍，完成目標。人總是有很多很多的需求，單靠自己的力量實在微不足道，找到有力的人士協助，就有辦法做得到。

當年我們在籌建花蓮信望愛少年學園時，沒錢沒人，幸好有宇宙光關懷中心的志工孫越叔叔鼎力相處，為我們送炭募款，我們才有兩千萬元做基金，再一步一步地把學園蓋起來。蓋房子不

但需要錢，也需要辦很多手續，孫叔叔這裡跑，那裡跑，與我們一起到縣政府和省政府去拜訪承辦員，當面解釋，免得因誤解我們興辦的動機，延誤核發許可。幸好官員都認識孫叔叔，看他這麼認真，深受感動，就認真辦事，不敢積壓公文，建築執照也在一段時間內順利取得。

蓋房子也要找到好的廠商，正愁要找哪一家時，剛好抽空去監獄探視人犯，拜會了典獄長，當時在他辦公室見到一位建築公司的董事長。一問之下，董事長竟然答應接下我們這樣的小案子。經過一年多的興建，花蓮信望愛少年學園總算落成。興建時，遇上九二一大地震，建商額外購買百餘隻鐵板，裝釘在二層樓建物前的地下，鞏固根基。感謝建商的用心，完工已經十幾年過去，幾次強烈地震，都毫髮無傷。果然，辦手續，找對了人，速度加快，蓋房子，找對了廠商，就能高枕無憂。

常會有人來更生團契辦公室找我協商。二十多年前，有一個教會姐妹，把她吸毒的弟弟帶來，問我怎麼辦才好。我知道她弟弟有心戒毒，只是找不到對的地方和方法。於是，我建議他先來辦公室靈修，接下來，再看看怎麼處理。從那天起，他每早晨都有來聚會，再回自己的家。我覺得他表現不錯，就介紹他到晨曦會去學習，那邊專門做戒毒的工作，要在那裡住一年半，也有一批很有經驗的成員，會為他禱告脫離毒品的捆綁。

他去了，不但完成一年半的戒毒課程，還去神學院就讀。經過四年調教及實習後，他被一間教會聘為傳道，用心關懷會眾，對會友的服務不遺餘力。教會一位當老師的姐妹，覺得這人真誠可靠，可以託付終身，於是取得教會長老的祝福，兩人結為連理。事隔多年，太太已經退休，也和丈夫一起打拚，不但在教會關心出獄的更生人，也到處去協助有需要的弱勢家庭。

新竹監獄教化科羅科長在因緣際會之下，受感動成為基督徒，有感於教化對受刑人的重要性，他常邀請不同的團體到獄中唱詩歌，見證分享。許多獄中人因接受信仰，開始覺悟，決心要金盆洗手，浴火重生。科長看到受刑人的改變，覺得應該打鐵趁熱，於是到監獄內各教區去訪查，看看有沒有人願意在公開場合受洗，以表明對信仰的決心。訪查以後，反應熱烈，他既驚喜又感恩，於是邀請北區牧者於二〇一七年十二月聖誕節後，在監獄大禮堂舉行一場受洗典禮。場面盛大，前所未有，共有一四二位受刑人披上藍色受洗袍，在二十多位牧師傳道見證下，接受洗禮，成為基督徒。

不是受洗結束，就保證從此一帆風順，天色常藍。科長知之甚深，繼續邀請牧者定期入獄關懷已經受洗的受刑人，免得因為他們根基不穩，出獄後經不起誘惑又重操舊業，重踏覆轍，要是真的如此，在獄中的悔改與受洗，就沒有一點意義了。因為光有信心是不夠的，如果行為是死的，有心悔改，沒有結出悔改的果子，悔改也是假的。

更生團契每年都有舉辦「天使樹」活動，約有五百間教會共襄盛舉。在每年聖誕節的前夕，我們會調查全臺灣監獄裡的受刑人，有沒有想送家中未成年兒女禮物，只要是三百五十元臺幣上下的東西都行，會有教會的人去買禮物，並把禮物送到孩子手上。這活動辦了近二十年，每年約有四、五千位受刑人的孩子得到聖誕禮物。

這份禮物是為受刑人與家人搭上一座橋梁，盡可能修復他們的關係，讓孩子感受被愛，被愛的孩子比較不會想使壞。要不然，受刑人家裡的小孩將來坐牢的比例是一般家庭的二十倍。

社會上這麼多需要關心的人，一己能力很有限，如果有更多的人願意出來參與，有錢出錢，有力出力，就能合作完成這個艱鉅的任務，讓更多的人得到祝福。不過，也別太小看一個人的微薄力量，眾志成城，就是一股很大的能力，也可以成就很多的大事。最重要的，是找到合適的人選，才能獲得有力的幫助。

TIPS

- 找到有力的人士協助，就有辦法做得更多更好。
- 光有悔改的心，沒有具體的行為，那種悔改是假的。
- 一己之力微薄，但眾志成城，會成為很大的能力。

26 改變負面思想，才能改變不良行爲

早在一九六〇年代，美國兩位學者 A. Ellis 和 A. T. Beck 就提出一項重要的理論，說「人要改變不良思考，除去負面想法，才會有好的行為」。換句話說，就是要先學會掌控思想、情緒，行為才不致於脫序。他們認為思想影響情緒，情緒影響行為，所以要先改變思想，才能改變行為。這種醫治人的不良行為的思考模式，就稱為「認知行為療法（Cognitive Behavioral Therapy，簡稱 CBT）」。

一九七一年，我到美國讀書時，「認知行為療法」這類的課程很受歡迎，因為有些論點與我們日常生活息息相關。上課之後

才發現，很多人都有「認知扭曲」及「負面自我」的問題，比方說，有些人會有「沒有錢，就會被人瞧不起」的錯誤觀念，一旦思想根深蒂固，就會想盡辦法，不管是正當的或非法的，只要能拿到錢，都無所不用其極。社會上一大堆偷搶拐騙的人，多半以為「沒有錢萬萬不能」，甚至認為人都是「笑貧不笑娼」，才會鋌而走險弄到錢。

沒有錢萬萬不能的講法，前提就有問題，要是能換成「只要有衣有食，就當知足」的想法，或許竊盜罪及詐騙集團就會少很多。「有錢最好」的觀念深入人心，連我剛去美國時，因為要上學讀書，根本沒有收入時，也會因存款不足，心裡發慌，只好逼太太去工作賺錢，那時我覺得「沒有錢，就不會快樂」。觀念一錯，夫妻間開始有了爭執，關係就產生裂痕，還好後來有把觀念調整過來，否則婚姻早就結束了。

我輔導過一個受刑人，在還沒有對他深入教化時，他就出獄了。受刑人一旦入監，大部分都會變得拮据。偏偏他們又很看重面子，不想被人瞧不起。有一天，他跑來看我，身上穿了一套非常體面的白色西裝，手上提一個黑色像是〇〇七特務才會帶的小公事包。我非常驚訝，問他為什麼穿那麼講究，他說，怕被看不起，特地去租了一套西裝。

我怎麼可能瞧不起他。只是更生人想法就是那樣，很難去左右他們，而且他們多半很敏感，自尊心很強。那天，我跟他說了很多，希望他不要把自己不好的過去標籤化，不要以為自己坐過牢就樣樣不如人。我依照認知行為療法的理念，告訴他做人不要太偏執，看事情要學著客觀一點。好說歹說就是希望他盡可能要把消極的思想變成積極，把誤解變為正解，甚至也要練習把痛苦看成是化裝的祝福。

環境是可以影響人的思想，思想又影響人的情緒，情緒再影響人的行為。人想要改變未來，一定要先修正自己扭曲的認知，也就是說心裡要有個過濾器，要懂得怎樣調控思緒，不要老是往壞的地方想，不然，壞的思想，會變成一種惡性循環。

我講了很多，講得口沫橫飛，他好像聽得懂，又好像聽不懂，臨走之前，他似乎刻意打開那個〇〇七的公事包，有意無意向我展示裡面裝的鈔票和金條。我不好意思再多說什麼，只覺得眼前這個人的思想和觀念都大有問題，還叫他箱子趕快蓋起來，錢財不露白。

後來，我才從別人的口中得知，這個剛出獄不久的更生人，是在做「金光黨」的壞勾當，專門在騙錢詐財。迷戀金錢，簡直是萬惡之根。

近幾年，社會上發生好幾起殺人分屍案件，而且頻率愈來愈高，這令人非常擔憂，到底這些殺人犯的心裡在想些什麼。男女交往本來屬於正常的事，合則來，不合則去，這是基本的交友原則，憑什麼與對方一言不合，或想分手，或不願意發生關係，就要把對方給宰了呢。

就生理條件而言，論身材，論力氣，女人本來就是比較軟弱的器皿，要打架，通常贏不了男人。看到幾個分屍案的主嫌都孔武有力，殺了弱女子，已經是罪大惡極，還要把人分屍，到底是什麼變態心理在作祟。

從認知行為療法的角度看分屍案，就很容易明白，犯案人就是不想讓事件曝光，想要掩飾犯罪的事實，才會採取分屍手段，企圖把人支解後，裝成數個小袋，再拿去丟棄或掩埋。

會有犯罪的行為，一開始先是憤怒，接著情緒失控，再來就是發洩不滿，非把對方置之於死地不可。但為了要逃避罪責，就只能走上滅屍、毀屍一途。要讓這種案件不再發生，每一個人在思想觀念上，除了尊重別人的生存權之外，也應該了解人無權處置別人的生命。

人人都有活下去的權利，有了這樣的基本認知，情緒就比較不容易失控，當情緒管控得合宜了，行為就比較不會逾越規範，犯罪問題也能減少很多。

我曾在輔導被判死刑的某個女性殺人犯的時候，就用過「認知行為療法」。但是擔心她不大懂，我也另外加上「聖書療法」和「聖靈療法」二樣，搭配使用。聖書療法的意思是，我給她一些屬靈的書籍，讓她多多去閱讀，也叫她每天要看聖經讀聖經。

聖靈療法則是希望她靠聖靈的能力管控自己的意念，也要常常在靈裡禱告和思考。

我一直在提醒這個人，千萬不要自以為聰明，要有神靈的幫助，腦筋想要做的，才會做得到。要不然人都有個無奈，就是明明知道是不對的，卻偏偏去做；明明是該做的，就是做不到。其實她過去也是大學畢業，當然知道殺人不對，但偏偏殺了人。可見心中那股貪財的念頭，如果沒有正確的評估及神靈管控，惡念一出，人人都可能殺人。

現今這個社會上，很多人的觀念和想法都有偏差，若能自覺醒悟，並好好修正改變，就不致於獨斷獨行。待認知正確以後，影響所及之大，良好的行為會讓自己的前途更光明，社會也會因此更加祥和。

TIPS

- 要學會掌控自己的思想，行為才不致於脫序。
- 做人做事要客觀，把消極變成積極，把誤解變為正解。
- 不要老是往壞的地方想，壞思想是一種惡性循環。

27 當憂鬱找上門該怎麼辦？

活了這麼久，我已經活到七十幾歲了，見過的人也不少，確實有些人就是天生比較樂觀，他們總覺得天塌下來就是會有人幫忙頂著。照一些專家和醫生的說法，憂鬱症不太容易找上這種人。另外，有些人天生就智力不足，不懂得什麼叫做煩惱，每天平平淡淡過日子，有得吃就吃，有得玩就玩，要笑就笑，要哭就哭，我有一位做精神科醫師的朋友說，這種人不只不太會得憂鬱症，大概也不會罹癌。

我不是醫師，也不算是專家，上述兩種人的情形，我也只是聽說過而已，但我聽過不少憂鬱症患者敘述他們的遭遇。他們說，若是重度憂鬱患者，每天都要吃抗憂鬱藥和安眠藥，不吃就容易胡思亂想，也會睡不著，但是吃了憂鬱症也不見得會好就是了。過去，有一個年輕人常到我辦公室來找我，他在美國讀過書，英文很好，還有寫作才華，出版過英文詩集。只是後來得了憂鬱症，嚴重到要服藥。有一天，他的家人突然打電話給我，說他半夜跳樓，已經身亡了。我帶著辦公室幾位青少年，一起去參加他的追思禮拜，他們為他獻詩，心裡都覺得才二十幾歲、又如此多才多藝的人，就這樣英年早逝，實在惋惜。

罹患憂鬱症的人會走向自殺這條路，醫療文獻裡其實多少都有提及，這是個不爭的事實。不過，都已經按照處方，定時有在吃藥控制的人，還會跑去自殺，就有人說是因為藥物產生的副作用，讓人精神錯亂，以致做出不理性的傻事，是否屬實，我就無法置評了。

我有個同事，學經歷很豐富，後來因為事業失敗導致罹患憂鬱症，總覺得自己走頭無路，想乾脆開瓦斯結束生命。結果雖然幸運保住一命，卻因瓦斯爆炸燒燙傷，需要多次植皮，諸多折磨痛苦，讓他的憂鬱症更嚴重，得繼續吃抗憂鬱藥物，否則晚上根本無法入眠。

在人生最低谷的時候，他想起他的信仰，就透過祈禱跟上帝立約、求上帝醫治。禱告以後，他深受感動，還把抗憂鬱症藥物，全部丟進抽水馬桶中。事到如今已八年多，他生活逐漸正常，早脫離憂鬱捆綁，身心靈完全得著釋放，也在讀完了神學後，成了更生團契的員工。

有一些人心思相對縝密，想不通時，就很容易走入死胡同中。這種人通常謹慎細心，但也會常因小事想不開，有自殘或傷害別人的情形。其實，他們也不想自找麻煩，作繭自縛，只是每個人潛在性格和處事原則都不同，有些人對雞毛蒜皮的小事過意不去，有些人就連天塌下來都無所謂。但當挫折感愈來愈深，產生焦慮及憂鬱的現象也會跟著增加。

尤其在日常生活當中，為人處事斤斤計較，很難與人合得來，做什麼事都怨天尤人，痛苦持續累積，悶悶不樂久了，憂鬱症的徵兆就會出現了。有憂鬱傾向的人，常感覺自己無所適從，無處可逃，無人幫助。獨自一個人，不論在家或外出，會覺得好像呼吸不到空氣，身體會冒汗，發抖，反胃，暈眩，覺得自己好像快死了一般。

一九九七年，在香港還未回歸中國之前，我與太太和幾個人從臺灣飛到香港去開會。那陣子，我太太聽說住在美國的媽媽（我的岳母）身體不舒服，卻走不開，無法馬上搭飛機過去關心與照料，心中常有牽掛。我們晚上住在香港戒毒機構的十七樓中途之家招待所，太太才上床睡不久，就把我搖醒，說呼吸困難，喉嚨有哽住感，而且胸悶，反胃，四肢無力，叫我趕快送她去醫院，不然她就會死掉。

事關人命，我趕快請朋友開車送我們去醫院急診，經過量血壓、抽血、做心電圖等緊急檢查與評估，醫生建議我太太住院觀察一個晚上。第二天早上，太太吃了醫院的早餐後，主治醫師來巡房，看著檢查報告，說我太太身體沒有什麼問題，心臟也挺正常，可能是更年期的一些現象罷了。太太聽了，大感安慰，立刻覺得全身輕鬆無比。既然查不出什麼問題，就辦理出院手續。原以為要繳不少錢，沒想到當時英國政府規定，外國人入港後的緊急醫療，全部免費。

「香江驚魂之夜」是一輩子的記憶，說也奇怪，事到如今二十幾年過去，我太太再也沒發生那晚的各種不適現象。我在猜想，或許樂天知命的人，心胸寬闊豁達，凡事看得開，就比較不會有焦慮憂鬱的問題。世事本來就難以預料，每天要發生什麼事情，沒有人能知道。如果懂得全然放手，相信一切都有最好的安排，用不著安眠藥，一樣可以一覺到天亮。

很多人習慣從負面的方向去思考，做事情碰到一點困難就放棄，甚至事情還沒開始，就預設立場，覺得會發生問題，隨便找個藉口就裹足不前。

曾經有個故事，應該大家都有聽過。有家鞋店老闆派兩個售貨員到非洲去賣鞋，兩個人去了以後，看到非洲人都不穿鞋子，其中一個人直接打電報回去，希望老闆寄回程機票給他，因為非洲人都不穿鞋子，根本沒生意可做。另一個人就不是那樣想了，他一樣打電報回去，希望老闆趕快寄鞋子來，因為他們都沒有穿鞋子，要是能讓每個人都買一雙，這筆生意肯定大賺。

腦筋轉個彎，世界更寬廣。很多事情並沒有自己想像中的那麼嚴重，過度的解讀，只會徒增痛楚罷了。人生苦短，要學會珍惜每一天。覺得有點苦有點悶，就去一些風景名勝區散散心，或找要好的朋友聊聊天。別封鎖自己坐困愁城，要走出去，不要跟自己過意不去。

當然，要是自己已經很努力扭轉想法，憂鬱的現象仍無法解脫，或反而更嚴重時，就要找專家治療了。不管怎樣，還是要對自己有信心，心情上多少做一些適當調整，要跟憂鬱說再見，不是不可能的。

TIPS

- 愈謹慎細心的人，愈常因為小事而想不開或作繭自縛。
- 世事難料，要懂得放手，要相信一切都是最好的安排。
- 腦筋轉個彎，世界更寬廣，過度解讀，只會徒增痛楚。

28 創傷後壓力症候群需要更多關懷

創傷後壓力症候群（Post Traumatic Stress Disorder，簡稱PTSD）是一種常見且易發作的病症。大部分原因是當事人遭受過度刺激、傷害或遇見特殊事故而難以承受，所引起的不平衡心理狀態。九二一大地震之後，倖存的災民很多都患有這種疾病。

依照醫學文獻統計，約有8%的人，一生當中會患這種疾病一段時間，像打仗的軍人、被害人、被虐兒等，都很容易患PTSD。除此之外，研究亦指出罹患這類症狀就醫，醫生除了會給予抗憂鬱藥物外，還會建議或安排心理醫師為他們進行心理治療，治療時間或半年或一載或更久，要看個人的狀況而定。

心理醫師除了定期安排諮商，也會同步會建議患者尋找群體及親朋好友的支持，多一些人的關心，治癒效果就會更快更好。如果沒有專家的協助，有些患者很容易因病情引發畏縮、逃避、易怒或情緒緊張等情況。病情嚴重時，自我招架不住，負荷不來，甚至會產生攻擊行為。

越戰後，很多美軍返回美國，因經歷九死一生的那種恐怖回憶揮之不去，退役軍人罹患PTSD的比例相當高。即使美國政府給予退伍軍人很好的福利，對他們的照顧絲毫不減，亦有定期諮商，或可安排住院長期治療。只是PTSD治癒率並非百分百，有些人的痛苦得不到紓解時，也會自殺，或拿槍枝到處掃射。

《美國狙擊手（American Sniper）》改編自真人真事，主角克里斯凱爾為美國海軍海豹突擊隊狙擊手，曾經四次赴伊拉克服役，由於「殺人無數」，退役後也一度罹患PTSD。後來，心理醫生鼓勵他到醫院陪伴因受傷而退伍的軍人，並做打靶教學後，他才逐漸融入一般人的生活。可惜的是，在這之後不久，他就被一名同樣患有PTSD的海軍開槍殺害了。

我所接觸的被害人中，宜蘭游媽媽就是其中一個例子。她婚後受到公公及先生的惡待都強忍下來，平日種田料理家務，讓她也忘了許多愁苦。在先生因肝癌過世的隔年，家中唯一的兒子當時才十七歲，聖誕夜在臺北與朋友一起在某國中操場烤肉，只因同夥聲音大一點，就被同在場的一個十五歲火爆浪子，用尖刀刺中心臟斃命。

游媽媽受到嚴重刺激，從此沒能睡好，精神恍惚，日子過得非常痛苦。她心想，兒子與凶手既不相識，也無冤仇，為什麼這麼殘忍。她愈想愈氣，幾次出庭，都想拿出預藏在包包裡的刀子，把對方殺死，再和他同歸於盡。礙於法庭戒備森嚴，始終沒機會下手。時間愈久，游媽媽的心理狀況愈糟。有一次，她準備飯食，洗了米，炒了菜，但要去電鍋添飯時，發現電鍋裡沒有飯，他明明記得他有把米倒進電子鍋。最後，是在廁所的馬桶找到她倒下去的米。原來，她已經得了**PTSD**，變得恍神，連最熟悉的事都做不好了。

還有一次游媽媽太思念兒子，就跑到百貨公司，看到好幾個很喜歡的洋娃娃，趁著店員不查，沒付錢就把它們都抱回家了。回到家後，人慢慢清醒過來，才驚覺自己很奇怪，怎麼會做這樣的事情。第二天，她把娃娃拿回去還店家，向他們致歉，只買了一個娃娃。帶回家後，她把兒子小時候穿的衣服給娃娃穿上，放置在客廳的沙發上，天天看，就好像兒子還活在家裡一樣。

自從知道游媽媽的案件後，宜蘭更生團契的工作人員就主動去游家探視安慰，陪她出庭、看病、下田、吃飯等，前前後後大約四年，游媽媽總算走出陰霾，PTSD的現象也消失了，從原本愁容滿面的被害者家屬，變成快樂的媽媽，還與我們一起到監獄去探視及饒恕殺她兒子的凶手，並認這個孩子為自己的兒子。

吸毒坐牢七年以上的受刑人，出獄後也常會出現PTSD現象。當吸毒到無法戒治時，精神科醫師都認定他們是毒品成癮，是一種類似強迫症的精神病患。我認識的幾位煙毒犯都有PTSD，而且都曾想過結束自己的生命。畢竟，過去在吸毒販毒時，香車美人，樣樣都有，吃香喝辣，呼風喚雨。一旦入獄，女人跟人跑，車子房子被賣掉，出獄後什麼都沒有，想東山再起，談何容易。蹉跎一段時間，又一事無成，心情盪到谷底，加上PTSD追上來，想到自己以前的風光與當下的狼狽，很容易就想不開。

幸好在痛苦無助時，被我們發現了，更生團契盡可能協助他們安頓下來，供應他們身心靈的需要。一年半載後，他們就會覺得昨非今是，開始振作。不僅不再逃避與畏縮，還有勇氣在眾人面前分享從毒品捆綁中被釋放的見證。他們的見證不但感動家人，原本被社會視為垃圾，現在都被看為寶貝了。創傷後得了醫治，不是不可能，就是要看他們得到了什麼幫助，方法對了，也會不藥而癒。

TIPS

- PTSD 患者多因遭遇刺激、傷害或特殊事故而引起。
- 治療 PTSD 除抗憂鬱藥物外，還得同步進行心理治療。
- 尋找群體與親友支持與關心，可供應心靈的需要。

29 從過度依賴藥物的困境中解脫

自從多年前，我在網路聽了巴基斯坦影壇老將雷利說的幾句話，就對病人吃藥的問題，產生很多的質疑和聯想。雷利當時年紀很大，鬢髮斑白，常拄著拐杖，步履蹣跚。在一次大型活動上接受訪問時，主持人問他：「你常去看醫生嗎？」

『是的，我常去看。』雷利答。

「為什麼？」主持人好奇的問。

『因為病人必須常去看醫生，醫生才能活下去啊！』

觀眾敞懷而笑。主持人繼續問：「你還要去藥房拿藥嗎？」

『是的，要去拿。』雷利答。

「為什麼？」主持人好奇的問。

『因為藥劑師也要活下去啊！』

觀眾又捧腹大笑。主持人再問：「那你拿了藥，有吃嗎？」

『沒有！』雷利答。

「為什麼？」主持人好奇的問。

『因為我也要活下去啊！』

眾人都笑得東倒西歪。

日本有很多醫生，都出書叫人不要隨便吃藥，生病了，最好先調整自己的生活型態，多休息，多注意營養，提升身上免疫力，靠身體的防禦力與自癒力來對抗病毒的攻擊。他們認為藥是可以治病的，但藥也有副作用。醫生為了避免藥物所產生的副作用，還需要再開另一種藥來治療副作用。所以很多病人因此成了藥罐子，每天吃的藥，都是一大把。不吃又不行，因為醫生會警告「不能隨便停藥！」病人只好配合。

我常看到一些朋友吃藥吃慣了，用溫開水吞藥，一口氣可以吞下十來顆不同的藥物。也見過從臺灣到美國探訪的親友，行李一打開，裡面裝的滿滿都是藥，讓我大吃一驚。

蠻多華人都認為「若藥不昏厥，其病不癒」，意思是吃了藥不昏昏欲睡，病就不會好。因為生病的人是體內出問題，為了療癒，吃了藥後一定要多休息，身體才能復元。所以有人說，是休息讓狀況變好的，而不是吃藥。就因為這樣，有些醫生建議，當感覺身體不太舒服，先不要急著去醫院找醫生，在家好好休息個一兩天才最重要。

也有人說「藥」就是「毒」，吃藥是以毒攻毒，用藥毒來攻擊身上的病毒，只是前毒雖然被攻陷，要是身體機能不能好好排毒，部分毒素還是會殘留體內。按這種邏輯來推論，用的藥物愈多，累積毒素也愈多。毒排除不了，身體怎能恢復健康。難怪常看到很多人吃藥吃到精神不濟，走路無力，人還沒老，看起來就老態龍鍾。好比有些住院病人，雖然每日照時間服藥，卻沉痾除不去，身上還會出現很多烏青，那都是毒素累積在身上的現象。

我的一個醫生朋友是「針灸」和「針吸」的專家，我去他位在日本東京開的診所，門庭若市，病患很多。他專門做抽取體內毒素的治療，用針刺的方法，把病人累積在皮膚底層排不出去的毒素，一一吸出來。我看到病人被吸出來的血液，黑得像一條一條的蚯蚓，都覺得非常可怕。

臺灣人愛吃藥是事實，南部廣播電臺常在賣祕方及特效藥，很多聽眾聽了就會去買來嘗試，一直相信這些沒有經過實驗的藥，吃多了病沒好，還要去洗腎。所以依照統計來看，南部人洗腎的比例比北部高很多。監獄裡的煙毒犯也喜歡去醫務所看病。因為他們過去每天都習慣嗑藥，如果沒有藥，就急得像熱鍋上的螞蟻。人被關在監獄之中，沒有藥可用，就隨便說自己患了感冒，拿個感冒藥回舍房吃，當替代品也好。這明顯是他們過去依賴藥物慣了的後遺症。

有些醫生會直接了當地告訴病人，很多病症（像感冒）沒有什麼特效藥，需要的是多休息，補充營養與水分。但有的病人因此會懷疑醫生的診斷有問題，始終認為「不吃藥，病怎麼會好？」非要醫生開藥不可，醫生也只好開了。藥吃多了，抗生素用多了，以後萬一出現什麼變種病毒，身體抵抗力太弱，抗藥性又太強，就什麼藥也起不了治療作用了。平常要養成一個好習慣，非必要，就不吃藥，這是為了體內免疫系統發揮正常功能，也讓身上的防禦力及自癒力傾全力而出。

我很喜歡聖經裡「喜樂的心乃是良藥，憂傷的靈使骨枯乾」這句話。從年輕，我就把這句箴言奉為圭臬，每天都以喜樂的心面對壓力和挑戰。三十年來，我沒有請過一天病假，也沒有用過一片藥。之所以能這樣精神飽滿，活力十足，是我堅信冥冥之中，喜樂的心一定能產生一股極大的力量，可以提振精神氣力，化腐朽為神奇。萬一偶爾感冒了，我仍然以一顆喜樂的心面對，加上充分休息、向神祈禱，就能有抗體驅逐病毒，讓身體化軟弱為剛強。一旦脫離疾病的折磨，離健康快樂就不遠了。

TIPS

- 提升免疫力，靠身體防禦力與自癒力可對抗病毒攻擊。
- 吃藥像以毒攻毒，要是身體不好好排毒，毒素還是殘留。
- 喜樂的心是良藥，可以提振精神氣力，化腐朽為神奇。

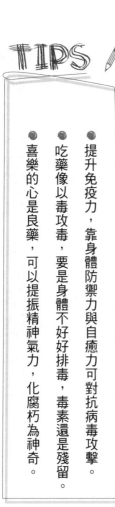

30 轉移注意力，讓痛楚沒這麼痛苦

有醫生說，百分之八十的人都會有慢性疼痛的問題，好比頭痛，肩頸痛，腰痛等，不一而足。在日本有頭痛、腰痛、背痛的患者，至少有八千萬人，從天皇到平民，幾乎每個人都有其中兩種痛症。疼痛的毛病到醫院檢查，醫生多半是開個止痛藥，但止痛藥用久了，也會失去效力。

痛，是身上的警鐘。痛感，是對人體提出警告，傳達某些部位可能出了問題，要趕快去處理。就好像失火時，警報鈴聲會自動開啟，叫人趕快尋找起火點，趕快滅火一樣。如果只是把警報系統關閉，耳不聽為淨，最後整棟房子都會被燒得精光。

中醫之所以說「通則不痛，痛則不通」，就是指身體系統什麼地方塞住了才會痛，所以建議人人要做到「三通」——血通、氣通、尿便通。人的疼痛問題，大概都是這幾樣出狀況，只要這三方面都暢通了，就比較不會一下這裡痛，一下那裡痛了。血通，就是指血液要全身循環暢順；氣通，是指人體穴道磁場，要全身貫通；尿便通，就是人的排泄系統要通暢無阻。總之，什麼地方痛，就針對那個痛源去治療。

有些醫生朋友，給我很多很好的建議，以致於我雖病過痛過，尚能靠免疫力及抵抗力，不藥而癒了。我在五十歲左右有「五十肩」，左肩一直在痛，雖不是那種痛徹心扉的痛，但仍會因為不舒服而影響作息。我請教過一些人，有的說要打針吃藥，有的建議活動關節，連我在監獄教化的個案，也給我不少方法。說真的，除了沒去打針吃藥，每個建議都做了，還是一樣痛。

有一個晚上，在夢境裡突然有個靈感，叫我的雙臂要左右揮轉，這邊轉兩圈，那邊再轉兩圈。醒來之後，我覺得不試白不試，就真的照著做，每天都做個幾十次。兩三天後，說也奇怪，肩膀痠痛的感覺都不見了。其實，一開始我也半信半疑，我在家中客廳揮來揮去時，動作極為滑稽，連妻子看了都覺得好笑，笑我如女生在跳民族舞蹈一樣。沒想到，就那麼簡單幾招，五十肩就不藥而癒了。

又有一次，我人在美國，試圖將左手伸到背後搔癢，不曉得是扭到那條筋，那天後左手臂靠肩膀處就常隱隱作痛。我心想，過幾天應該會好，也就不太在意，每天淋浴時，趁機多讓熱水沖到肩膀痛楚處，手臂就會覺得舒服一點。可是，要穿脫衣服時，那種痛感依舊存在。回到臺灣後，我一樣沒去看醫生，大概覺得還受得了，能忍則忍，等到真的痛到沒辦法，再找醫生。

那陣子，我除了每天洗澡沖沖熱水，偶爾也會提高左手臂做做伸展，但是痛感還是有。一直到常跑花蓮少年學園那陣子，每天早晨六點就得陪著學生到操場做早操，一段時間之後，痛感竟然完全不見蹤跡了。從痛到不痛，大概也持續三個月這麼久，大概因為有充分的休息，加上適度的晨操，平時又有走路運動，疼痛就不見了。七十多歲的老人，也一樣可以無病無災，每天無憂無慮的過日子。

我太太常說，我對疼痛的忍受度是「舉世無雙」「絕無僅有」。我想起以前在美國看電視，有個做痛感忍受度實驗的節目，印象非常深刻，感受也很強烈。實驗對象是一般人，他必須把手放在一個通電流的儀器上，由主持人逐漸增加電流強度，從一增加到十，期間要是受不了，手就移開儀器，受得了，就繼續放著。手移開當下的度數，就等於受測者的痛苦忍受度。

實驗開始時，多數受試者的眼睛會習慣盯著儀器看，看著電流強度的一直往上增加，一感覺到電流的熱度燙到手不能忍受時，就會火速地把手移開。後來，主持人會請受試者再嘗試把手放回儀器上試試，教他們不要把注意力放在儀器上，並給他們看一些漂亮的風景畫作或照片，也給他們聽悅耳的音樂，結果神奇的事發生了，因為注意力成功轉移，第二次實驗時，大家對痛感的忍受度總是能提高一些。

人說，婦女生產的痛苦指數是八，牙痛低一點，是七，釘在十字架上的痛則是十，痛到最高點。我們人類在地上的痛苦，不論是心痛或身體的病痛，要比釘在十字架的痛還差一截。我都認為在經歷一些苦痛時，不要像上述那位受測試者，眼睛一直盯在痛苦的儀器上，只要轉移注意力，聽聽音樂，看看美景，痛苦就不會真的那麼痛苦了。

對痛苦有過度的解讀和專注，會讓痛苦加深，變得苦上加苦，痛苦無處訴，也無他人幫助。有些痛苦還得自己去承受，別人想幫，都幫不上忙。如果找對了方法，病痛不但可得醫治，痛苦也有可能變成化妝的祝福。

TIPS

- 痛感，是體內發出警告，代表某些部位可能出問題。
- 經歷苦痛時，轉移注意力，痛苦就不會真的那麼苦。
- 有些痛苦還是得自己去承受，別人想幫也幫不上忙。

31 強化五個「T」，與家人建立良好關係

人與人之間的互動，特別是與家人的關係，會影響兒孫未來的幸福。與什麼樣的人在一起生活，就容易變成什麼樣的人。所謂「近朱者赤，近墨者黑」，影響力道最大的，莫過於家人。要建立美好的人際關係，得先從家庭開始。若從犯罪預防的角度來看，專家認為六歲以前能達成四個條件，這個孩子有百分之九十七的機率不會變壞：

- 媽媽要陪伴他
- 爸爸要有公正而嚴格的管教
- 父母親要相愛，並愛子女
- 全家要常有親子活動

我在美國與太太結婚後，育有一女一男，自己深知這些道理，故從孩子出生後，我們夫妻就劍及履及，照專家的意思去做，也在孩子滿月後，把他們帶進教會。事隔多年，孩子都成家立業，也安分守己，沒有做過什麼惡事危害社會。我也知道夫妻相愛容易相處難，所以總是盡心盡力、戰戰兢兢在經營婚姻。如今婚齡已經四十六年，還能相安無事，就是因為早年有好好照著專家學者的建議去做，婚姻才能維持到如今。

我身為牧師，常常為人證婚，每次勉勵新人的話，幾乎千篇一律，因為婚姻的關係本來就是一門大學問。兩人是不同的背景不同的個性，要組合在一起生活在一起，面對大大小小的事情，常會由於看法不同，處理方式不同，彼此關係很難維持和諧。能夠看起來不生是非、相安無事，暗中一定加注了不少眼淚，及日積月累學來的「妥協的藝術」。

婚姻有所謂的「賞味期」，不過，時間不長，只有短短的十八個月而已，賞味期一過，若夫妻雙方都沒有特別經營，兩個人的關係恐怕就會漸行漸遠，甚至很可能就會產生裂痕。萬一「七年之癢」的現象出現，婚姻瓦解的機率就會增高。所以，我會勸新人婚後一定要加強五個「T」：

Talk

不管工作或家事有多忙，每天至少要盡可能騰出一個小時的時間，單獨和另一半談談話，分享生活瑣事，抱怨工作鳥事都行。依照統計，女人一天要講上兩萬五千個字，男人則減半，不論字多字少，都是不吐不快。老公透過這個安排，讓老婆有機會講講話，她的內心會因為有人肯傾聽而得到安慰。孩子生下來後，也要花時間和他們對話，這樣他們才能受教，有受教之心的人，才會贏得人家的喜愛。

Treat

找個機會放下工，好好地招待家人出遊，或一起到餐廳吃飯。不為什麼，只為了要凝聚全家人的向心力。聚在一起旅遊用餐的時間，也不要常常滑手機或玩平板，要讓彼此有交心的機會，可以好好欣賞美景，或好好享受美食。在家人的陪伴下，也能體會家庭和諧的重要性。

Touch

肢體上的接觸，更能感受到人際間的溫度。和家人握個手，搭個肩，擁抱一下，讓他們感受到親情的溫馨。在這個日趨繁忙的世界裡，人心漸漸冷淡，家人也各忙各的，見面時，能拍拍肩膀，握握手，都代表關懷。真情不虛偽的關愛，會讓人有活下去的動力。真愛的肢體碰觸，沒有私欲，也能感人至深，讓人的心靈起死回生。

Time together

常在一起是要付出心力和時間，奉獻自己無私的陪伴，會讓人產生安全感。這個變動速度很快的世代，充滿種種危機，孩子在外，一不小心被惡人騙走，或出了狀況，對家人而言，是一輩子的痛。如果能夠珍惜機會，常在身邊，可以藉機給予榜樣學習及鼓勵，也會是一輩子的祝福。

Try harder

凡事都要盡心盡力，才能看到好成績。表面功夫人人都會做，蜻蜓點水似「關愛的眼神」，通常就只是點到為止，起不了什麼真正的作用。用功努力，全力以赴，等候在前面的才是勝利。做事如此，人際關係的經營更是這樣。尤其是深層的人際關係，需要下更多更大的功夫，多做彌補，傷口癒合的速度會加快，所產生的效益就更加明顯。

我在美國做過很多家庭的協談，對於一些家庭出現的種種問題，常常覺得力不從心。可是也看到有人因為努力付出，成果就顯得非常豐富。一位會彈鋼琴的黃媽媽，就是成功的案例。她的兒子在美國娶了越南籍的女子為妻，婚後生了一個女兒。她每次去兒子家探視時，媳婦總是態度冷漠，連孫女都會問阿嬤要住幾天，什麼時候離開，可是黃媽媽都不以為意。

通常黃媽媽進了兒子家門以後，就開始幫忙打掃，洗衣，煮飯。到了用餐時間，她還會幫媳婦添飯，吃完又洗碗，又陪孫女玩。這些愛心的動作，讓她的媳婦相當感動，從此媳婦對她的態度完全改變，她的付出，也換來了這一家人的幸福。

我們要離開美國搬回臺灣之前，知道黃媽媽要搬到老人公寓居住，想把家裡那部舊鋼琴送給她，但她拒絕直接贈與，非要我們收下五百美金，不然她就不叫人把鋼琴搬走。她的愛心和信心融化了她媳婦的私心，也因為懂得付出，和人建立很深層的人際關係，事隔三十多年，她早已返回天家，但她美好的人際關係，仍讓人對她念念不忘。

我在洛杉磯見過一個家庭，夫婦兩人都很有成就。他們工作忙，兒子從小就給褓姆照顧，不過褓姆過去似乎有凌虐兒子的現象，導致兒子長大後，動不動就發脾氣，甚至揚言「I want to kill you！」很多輔導老師對他很頭痛。我建議這對夫妻，帶孩子一起到國外旅遊，看看能否讓他見見世面，而忘掉以前被褓姆凌虐的傷害。他們聽了，一家三口出國去旅遊，回來之後，兒子情緒大有改善。高中畢業後他入伍服役，被派到伊拉克，回國之後去念加州大學，完成學位後，娶妻生子，現在三代雖不同堂，但都覺得人生幸福美滿。

TIPS

- 與什麼樣的人在一起生活，就容易變成什麼樣的人。
- 相愛容易相處難，善用「妥協的藝術」為家庭關係加分。
- 付出心力和時間的無私陪伴，能讓人產生安全感。

32 不只要交朋友，還要經營友誼

我住臺北市中山區捷運站附近，上班也在捷運站旁邊不遠的小巷子裡，經常人來人往。巷子裡，有一位好鄰居連媽媽，她在自家門口的牆壁外，布置了一個小花園，上面栽了一排漂亮的花朵，有美人蕉、槴子花及曇花等。她勤於修剪施肥澆水，花朵常常盛開。我路過時，都會主動與她打招呼，順便讚美幾句。她也很高興有人欣賞她種的花，還告訴我，要常和花說話，花才會長得更美更香，還說，種花就是為了給路人欣賞的。

因為上下班要走同樣的路，常會在巷子裡遇見連媽媽，每天總會聊個幾句，三十多年來，她知道我們更生團契在做什麼，也知道我們辦公室常有幾位更生人在出入，也知道更生人在我們這裡吃住，費用都要靠外界奉獻。因此她常常自掏腰包，三千或五千捐助，讓我們倍感溫馨。因她感到這裡的更生人改變很多，看到她都會主動打招呼，是很有禮貌，很有教養的樣子，就常常誇獎我們很有愛心。其實，她才真正有愛心。

我在社區巷子裡走路時，會主動跟認識的里民打招呼，不認識的，見過幾次面以後，我也會主動寒暄，里民對我的反應也很真誠。太太看我待人那麼親切，別人與我互動也那麼熱絡，她還會美言我幾句，說我如果要選里長，搞不好還會當選。因為在這區域住三十多年了，我習慣和人打招呼，他們偶爾在電視上看到我，對我有些印象，也不會拒絕我。有時早上經過公園，看到做團體運動的長者，我也會會和他們揮揮手，他們遠遠的看到我時，也會主動的和我揮手。

花蓮光復的少年學園常有人捐贈整包裝的米，但數量多了，來不及吃完，壞掉就可惜了，所以偶爾就直接轉贈給社區的老人家。擔心他們不煮飯、餓肚子，學園也會將剩菜、剩飯或園裡課程做的麵包，拿去和老人家分享。

附近的自強外役監獄，本著法務部給他們的信念，就是要愛鄰舍及守望相助，他們曾經派由一群受刑人組成的外役隊，來幫我們砍除雜草，還把自己出產的芋頭蕃薯地瓜拿過來送我們。中秋節快到時，他們會送文旦，知道我們學生正值青春期吃得多，也會從他們福利社的盈餘，撥款給我們學生加菜。

監獄養了幾頭牛，他們會來砍少年學園前面的牧草回去餵牛。園區後山也種了很多桂竹，他們好幾次來向我們要，砍了好幾車回去，做他們種植農作物使用。因為彼此關係密切，我們師生常去外役監獄協助教化輔導，表演獨輪車唱歌，講見證鼓勵受刑人。他們的典獄長知道我們學生過去犯過錯，有一些是由法院送來接受安置感化的，所以，幾任典獄長都曾撥空來到少年學園，給師生許多勸勉和激勵。

在美國時，我認識一位臺灣來的企業家林先生，他以前曾在臺北市做過民意代表，口才與相貌都相當出眾。他因為要經營旅館的生意，聘請了一位教會的弟兄做員工，這個員工有買賣房地產的執照，經驗很豐富，經由他的努力，林先生買到了大型豪華的旅館，也順利地辦好過戶。當時，林先生想要額外付給這位弟兄6％的佣金，沒想到這位弟兄竟然一口回絕。他覺得很奇怪，一問之下才曉得，員工認為他是職員，為老闆服務是應該的。林先生因此深受感動，覺得這位員工值得欽佩，也跟著來到教會，並且受洗成為基督徒。

後來，在美國十幾年的時間，我與林先生有很多的互動，交情當然愈來愈濃。我與太太搬回臺灣服務後不久，他們夫婦也搬回來臺灣定居，留下長大成人的四名子女在美國發展。

在臺灣，他們也有旅館的生意，生意還算不錯，有一次，我需要安排一群國際監獄人士來參訪，他就很大方的免費接待這群貴賓，讓外國人對臺灣的人情味留下極為深刻的印象。

我們兩家人搬回臺灣後，更常有機會見面了，林先生也常開著他的賓士車載我去監獄做教化。有一年，吳尊賢文教基金會的愛心獎在接受報名，他竟然主動幫我具文推薦，最後，我真的獲得那一屆的愛心獎。那時，剛好在蓋花蓮的少年學園，極需要經費，我就把愛心獎二十萬新臺幣的獎金全數捐出，與數百位捐贈者一起成就一件美事。

交朋友很重要，真誠對待，用心經營更重要。如果沒有教會的人協助林先生買旅館，我們不會彼此認識，如果他沒有回臺灣定居，我也沒機會與他建立好朋友關係。如果不是他信得過我，也不會推薦我報名愛心獎。因為有那一點獎金加進來，聚沙成塔，蓋成少年學園後，學園才得以有機會收容二百五十多位學生，幫助他們遠離犯罪邊緣，學得一技之長，成為有用的人才。

TIPS

- 臺灣人深厚的人情味，總是讓人備感親切與溫馨。
- 主動寒暄，待人親切，與人的互動自然會熱絡起來。
- 交朋友很重要，彼此真誠對待，用心經營更重要。

33

登上人生的高峰，從蒙福到祝福

印象中，很少遇到像羅先生那樣，一生嚴以律己，寬以待人，到處慷慨解囊，濟助窮困，付出不為人知，只知感恩報恩的人。他的生命層次已經登人生的高峰，一生一世活著不為自己，卻活的那麼精彩動人。羅先生是印尼華僑，我在美國定居那段時間，得以認識他們一家人。幾次我到他們家做客，聽他細說在印尼做生意那段期間所遭遇到的難處，才覺得他們一家人是浴火重生，像經歷死裡復活一般神奇。

早年，印尼有排華運動，許多生意人商店被毀，房子被燒，甚至人也遭受暴徒攻擊傷亡。羅先生一家人躲過排華的浩劫，輾轉移民到美國，參與教會的活動時，我才有機會與他們相識。有件事我記得很清楚，有一次受邀到他們家吃飯，羅太太煮了好幾道道地的印尼菜。每道菜我幾乎都沒有看過，尤其是米飯很香，原來她是用一種類似月桃花的葉子放在電鍋裡一起蒸。那次的米飯是我一生中吃過最香最好吃的。

羅先生談及過去在印尼時，做生意賺很多錢，但他沒有忘記栽培華人子弟，他支持辦理華人學校，讓學生學華語，學習尊師重道，孝親敬長。他對學校財務鼎力支持，在教會裡，他顧念有需要的信徒，熱心支助，使他們衣食無缺。羅先生懂得取之於社會，用之於社會，從來不吝惜付出及給予。現在的他雖然年事已高，八十有餘，除了偶爾身體微恙，否則教會聚會總不缺席，兒女也各有成就，有的在臺灣，有的在美國，有的回印尼，不管當醫生，做生意或當傳道人，都效法父親，為弱勢奔波努力。

有一次，我去他們家時，羅先生向我展示一本他與妻子結婚五十周年（金婚），兒女給他們印製的紀念冊。封面寫了幾個大字，有中文也有英文，中文是「從蒙福到祝福」，英文則是「From Blessed to Blessings」。在出冊子前，兒子邀請我寫賀詞，我所寫的不外乎就是幾句祝福的話。我說，他們已經「登人生的高峰」，因為他們過去知恩、惜恩，如今因為懂得報恩、施恩，而能成為許許多多人的祝福。

已經過世的人之中，我最佩服的是戴德生（James Hudson Taylor），他一八三二年生於英國，自幼有感動要到中國宣教。二十一歲時在上海登陸後，就到開始他的傳教之行，這一傳傳了五十一年，期間他創立了差會，前後差派八百位宣教士，並建立了一二五間學校，引領至少一萬八千位中國人歸信基督。他的一生活到七十三歲，只是他每天都過得在地如同在天的生活。

十九世紀的中國，醫療及衛生條件不好，戴德生的兒子、妻子先後在中國病故，而他經歷許多打擊之後，仍不向環境低頭，反而愈挫愈勇，心情盪到低谷的時候，因為走過一處葡萄園，心靈突然閃出聖經耶穌說的，「我是葡萄樹，你們是枝子，離了我你們就不能做什麼。」這句話彷彿替他注射了一支強心針，從那時起，他就不再靠自己，也不再擔心工作的成敗，他全然把一切都交託給上帝。

因著信心的提升，日後他做事的精神氣力愈來愈旺盛，工作的果效也愈見顯著。到了五十歲，他的靈程已經「登峰造極」。他說過一句話，後來成為千人傳頌的嘉語名言：「我若有千鎊英金，中國可以全數支取。我若有千條生命，全部都給中國（If I had a thousand pounds China should have it, if I had a thousand lives, China should have them.）。」

戴德生現在已把他的信仰和傳道的棒子，傳到第六代了。第四代曾孫戴紹曾，曾當過臺灣中華福音神學院的院長，造就許多人才成為傳道人。第五代玄孫戴繼宗，到世界各國宣教，中文比英文還好，還娶了花蓮的柯悅敏小姐為妻。有次少年學園三十幾位學生在騎完獨輪車，坐在鯉魚潭對面餐廳用餐，剛好柯悅敏師母也在那吃飯，雖素昧平生，但她知道我們也在關心別人的孩子，就為我們付了餐費，所有師生都對她感激不已。

最近才離我們而去的孫越叔叔，也是傳奇人物，一生拍過兩百多部電影，得過兩次金馬獎，竟然可以在聲望如日中天退出演藝圈來做公益。他希望人家把眼目集中在公益上，不要一直注意在他的身上，提出「只見公益，不見孫越」一句話，就是希望大家能夠好好的去關心別人，不要只想讓自己成為媒光燈的焦點。息影後，孫叔叔把重心放在兩樣工作，一是關心安寧病人，另一是關懷監獄的受刑人。他感受到世界上就是這兩種人最痛苦，所以他花很多時間去病院及監獄。

孫叔叔的一生活得非常精彩，領受種種福氣，也很樂意分享。他把身上累積的恩典，都化成對別人的祝福，難怪他離世的時候，全臺灣的民眾都對這位「你們的老朋友」「人間天使」依依不捨，念念不忘。他就像站在人生的高峰，在世上留下傳奇，使自己所擁有的變成祝福他人的。

TIPS

- 要懂得取之社會，用之社會，不要吝惜付出及給予。
- 站在人生的高峰，就是把自己擁有的變成祝福他人的。
- 去關心別人，不要只想著如何讓自己成為眾人焦點。

34 親近大自然，旅遊可以忘憂

我喜歡旅遊是受了以前在美國讀書時的接待家庭的影響。一九七一年，我到美國加州州立大學沙加緬度校區留學，學校國際中心為外籍學生安排接待家庭，每一個人各有一個在地的美國人成為我們的接待家庭（host family）。

我的接待家庭是白人，他們家有好多人。第一年的感恩節，我就到他們家中做客。聖誕節也一樣。每當他們全家人都回到家裡來，整個家熱鬧不已，不但有火雞大餐，還有許許多多的禮物。我那一年收到的聖誕禮物，是好幾本印製非常精美的美國國家公園的畫冊。

拿到冊子之後，我被國家公園的美景所吸引，愈看愈入迷，下定決心一定要利用暑假去國家公園玩一玩看一看。赴美後的第一年暑假，我約了幾個留學生，一起租了一部六人座的車子，浩浩蕩蕩從加州首府沙加緬度出發，要往亞利桑那州的「大峽谷」（Grand Canyon）旅遊。會優先選擇大峽谷，純粹是太出名了，也太美了，很多外國的政治領袖，談到有一天踏上美國土地，最想看的景點多半也是大峽谷。

這趟旅程有個小插曲，就是沒想到租來的新車子開了不過一個小時，竟然就拋錨了。我就把車子還給租車公司，改開自己的車子。一路上，除了加油停下來，順便上個廁所，吃點東西裹腹外，就一直開下去，大約開了十二個小時，才抵達目的地。一進入峽谷區，就有一種不一樣的感覺，不僅景色很奇特，連空氣呼吸起來都別有風味。

車子停定後，我們趕緊下車流覽，拍照留影。峽谷的兩岸相隔大約有一公里這麼寬，從河的這岸看過去那岸，經克羅拉多河川千百年所沖刷的獨特景緻，像極了一副圖畫，美到令人覺得可疑，面前的景象彷彿是假的，是人工造成的。當夜，我們選擇在峽谷內的營區紮營。時值夏季，晚上還是有點涼意。第一次在美國國家公園露營，能享受到世界級的景色，是我一生最難以忘懷的回憶。

後來，每個暑假我都會找幾個同學一起去旅遊，大峽谷又去過一次，也帶過臺灣來的親友去。除了大峽谷，我和太太去過加州的國家公園「優勝美地」（Yosemite）。優勝美地離我住的地方不遠，開車六個小時就到，景色也漂亮，有巨石，有瀑布，有森林，比起大峽谷雖然沒那麼壯觀，但有當地土著印地安人的表演，其實也別有一番風味。

懷俄明州黃石公園（Yellowstone National Park）是我一直很想去的地方，但直到一九七四年才第一次踏上征途。那年，我岳父母移民來美國，為了讓老人家高興，我們夫妻帶著兩老，開著福司休旅車（Squareback）長途跋涉到黃石公園。那時，我還沒有小孩，出入、食宿都很方便。岳父母年紀才六十五歲左右，還算健康，與我們在外旅遊約一週，都能適應良好。

五年後，我太太的姐姐、妹妹、妹夫與孩子搬到加州來。難得我有假期，放下行李後，就開著那臺沒有冷氣的老福斯小巴士，載著七個人，開啟十一天的旅程。我們橫越美西六個州，到處去看國家公園及旅遊。印象最深刻的是參觀新墨西哥州的地下鐘乳石洞（Carlsbad Caverns National Park），那地洞位於地下幾百公尺處，展現在眼前的景象，我一生都沒見過，實在新奇，白色的石筍、石柱經過燈光照射，更顯神奇無比。

那次旅遊我們沒有事先訂好旅館，而是走到哪就睡到哪。其中有一天，天色漸暗，我們看到一間「假日旅館」（Holiday Inn），想去投宿。一問之下才知道，這旅館剛興建完畢，雖然裝潢好了，但還沒正式營業。還好那個工作人員非常高興，大概心想雖還沒有開張，就有一堆客人要來住，實在是個大吉大利的徵兆。於是，親切地開了三、四個房間，讓我們從側門進入住宿，而且收費非常便宜，一間房大約只要十五美金而已。

有一年我們全家跟岳父岳母一起搭火車，再租車去看南達科達州、雕刻四個美國總統肖像的拉什莫爾山國家紀念公園（Mount Rushmore National Memorial）。當年，我花了不少功夫帶我岳父母、妻女上山。看到那世界著名的四個美國總統華盛頓、傑佛遜、老羅斯福和林肯的雕像時，岳父就一直謝謝我，原來他十五歲到日本留學時，就曾在書上看過山上那四個總統的雕像，而且很希望能夠親眼目睹，一生都在想找機會去看看，只是沒想到事隔六十年，才能完成他的美夢。

讀萬卷書，也得行千里路。旅遊不是吃喝玩樂這麼簡單，英國每日郵報就曾發表一份研究報告，條列旅遊帶來的好處，包括提升適應力、拓展視野、預算控管、加強創造力、帶來新觀點、添增領導力等。多去遊遊，多到外面走走，親近大自然，不但好處多多，還能暫時忘記許多不必要的憂愁，也是身心保健的絕招。

TIPS

- 讀萬卷書，也得行千里路，知識才能在生活中驗證。
- 享受景色，創造回憶，每一趟旅行都別有一番風味。
- 旅遊能暫時忘記憂愁，是保持身心健康的方法之一。

35 老當益壯，老而彌堅，老而不休

因為科技的發達及醫療的進步，很多人都足享長壽，平均壽命都可以活到八十幾歲。如果保養得當，營養均衡，衛生方面又沒問題的話，想要活得長，又活得好，已經不算是天方夜譚了。只是有一些人在年老的時候，是帶著各種疾病在過日子，活得很痛苦，覺得生不如死，甚至想要「安樂死」。我在想，為什麼人會活到不想活了呢？大概是過去沒有好好學習怎麼「活」，才會活得那麼不耐煩。

老人要怎樣活，才能活得精彩？這是很值得探討的主題。老人，就是身體機能逐漸衰退，想做，做不到，不想做的事，卻偏

偏發生。年紀大一點，什麼都由不得自己，那就真正老了。從臺灣政府的角度來看，六十五歲就可以退休，搭公共運輸、部分入場門票等可以享受半票，這表示政府認為人老了，差不多到了安享頤年的時候了。可是美國公家機關就不一樣，六十五歲還不必退休，要是規定人必須在六十五歲退休，那就算是年齡的歧視，和種族、信仰的歧視一樣不可取，更是違憲的行為。

六十五歲雖然有年紀，也不一定要退休，因為人老不老，不是年齡的問題，而是心態問題。只要人認為還有活下去的意義和價值，就可以人老心不老，繼續為別人付出。所以在美國即使八十歲高齡了，還是可以上班，或當監獄官，或為難民服務。老當益壯，老而彌堅，七老八十還可以開車，到處趴趴走，一點都沒有衰敗頹廢的現象。因為努力工作，人就不太會變成老糊塗，或老番癲。如果老人家還可以對社會做點貢獻，就不致於被人家貶抑為「老而不死，是為賊」了。可是，有六十歲就得「老人痴呆」，該怎麼辦？那又是另外一個議題。

要是老一輩的人身體保持健康狀態，「長照」的問題就會減少很多很多。老人想像古代以色列人的救星摩西，到了一二〇歲仍然是「眼目不昏花，精神不衰敗」，那就要從他個人屬靈的特質去了解了。如果以當時一年只有三六〇天來計算，一二〇歲也許就只有現代的一〇〇歲而已，但這個年紀並不算小，卻還是活的那麼健壯，就看出來他的過人之處了。

摩西確實是以色列的民族英雄，精神領袖，有愛心，信心，耐心，又謙卑，總是先要求自己，再要求別人，經常有節制，端莊，自守，心靈影響他的身體，一生當中經歷很多神蹟，到了老的時候，竟然還有「如鷹返老還童」的祝福。

另一個聖經人物，也是我所景仰的對象就是「迦勒」，他當年對上帝很有信心，專心愛神愛人，跟隨摩西，走出埃及時，只有四十歲。後來與兩百萬的以色列人走到西乃曠野，飄流四十五年時，他的人生經歷了很多考驗，卻屢戰屢勝，愈戰愈勇。到了八十五歲的時候，竟然能說，當年他的力量如何，現在的力量還是如何。換句話說，他年紀雖已老邁，但氣力，體力，活力，能力和靈力，都跟四十歲時沒什麼差異。這樣的情形實在令人非常羨慕。

我還在美國時的教會，在一個老人公寓「黃氏大廈」成立一個老人團契，就取名為「迦勒團契」。有時，會開著車帶他們外出旅遊或參加活動，幾個八十歲左右的老人家，仍然生龍活虎，走路幾乎都能健步如飛，拿拐杖的只有一位而已。迦勒團契的老人家，大部分是臺灣來的退休人員，當過警察局長、國大代表、校長的都有，來美國與子女依親生活後，受惠於政府的老人福利，就搬到老人公寓居住。

在那裡，他們有自己單獨的房間，各項設備都算齊全，公共區域還有活動中心及運動器材等。迦勒團契在每週五晚上都用活動中心辦理查經聚會，我帶領他們很多年，和他們相處久了，看到他們靈力、體力都相當充沛，有的到了九十幾歲，手握毛筆都不會發抖，書法功力一流，留下許多墨寶。

老人也有老人的權益，不但兒女應該要孝敬奉養，年輕人對他們也應該表達尊重。我常鼓勵青少年，看到年老髮白的人，在他們面前，一定要站起來以表尊敬。對老人家，我也常勸勉他們，人到了老的時候，要注意自己身上的衣著及散發出來的體味，不要因為不洗澡，衣服髒，而讓晚輩敬而遠之。老人要像黎巴嫩山上的香柏樹一樣，滿了汁漿而常發青。更要像發旺如沙漠中的棕樹，雖長久經歷日晒，根部卻可以往外移伸，以至水分充足，仍是可以多結果子，成為別人的供應。

人到老的時候，一生經歷很多風波，生命的內涵其實極為豐富，老當益壯之時，不但可以成為別人的榜樣，也能成為別人的祝福，自己更是可以樂在其中。當嚥下最後一口氣前，臉上會帶著笑容與滿足，再回歸天家，享受安息，那在世上所留下的每一個足跡，將都成為傳奇。

TIPS

- 活得不耐煩的人，大概是沒有好好學習該怎麼「活」。
- 身心靈常保健康，不然帶著疾病過日子，確實生不如死。
- 為自己創造活下去的意義和價值，就可以人老心不老。

36 當志工是極大的享受與樂趣

當志工是愛心的投資，是智慧的抉擇，是人生極大的樂趣及享受之一。我當監獄志工三十年來，幾乎天天都去監獄。全臺灣的監獄、看守所，我不只走透透，還走過好幾回。做志工不拿人家的酬勞，不只是我如此，社會上的志工都和我一樣，不支薪卻能樂此不疲。其實，做志工有所付出，收成也很豐碩，就像一粒麥子種下去以後，會結成沉甸甸的麥穗，這是幾百倍的收成。志工所給出去的愛，回收回來的是更多的愛。

更生團契在全臺灣至少有一千位志工，比較活耀的也有一半以上。每年我們在各地區會都會舉辦招募志工的活動，也會參與者一些培訓，按著政府志願服務法的規定，要當志工就需要有十個小時的訓練課程，才能拿到志工證書。憑著那張志工證，他們才有資格申請進入監獄當志工。

志工有志工的倫理，替他們上課時，我們強調的重點不外乎以下這些——不要求金錢報酬，只能追求公共利益，亦要尊重別人的意志，不能強迫別人屈服。在當志工的時候，不要自命不凡，自以為是，所做的一切都是要誠心奉獻，忠心耿耿。政府還有很多規定，像志工守則，訓練時，都需要告訴這些準志工，用意無非是希望做志工做的無怨無悔，願意全然擺上。

孫越叔叔當更生團契的志工有十幾年，他是志工的表率。每個禮拜一開車去接他時，他都會提早在住家樓下等候，從來不遲到。一早見到我們都是笑臉迎人，上了車以後，也會寒暄幾句。

到監獄教化時，因為他曾經是名人，典獄長還會請他到辦公室喝茶聊天。若有監獄職員要和他拍照合影，他從不拒絕。有機會走到外面參觀時，遊客見到他，也高興得不得了，人人都想和他一起照相留念，他也來者不拒。

孫叔叔這樣的志工真是令人感動，每週一次，一做就做了十幾年。很多受刑人受到他的感召，也樂意來我們更生團契學習，說自己以後也要像孫叔叔一樣，做終身志工。當然，也有教會的女信徒，很佩服孫叔叔，說也想當志工。

孫叔叔總會問她們想當志工的原因。不少是覺得在家裡天天和退休的丈夫大眼瞪小眼，非常無聊，所以想當志工來散散心。這樣的人，孫叔叔都會勸她們，把先生照顧好，把家事料理好，家庭和諧了，再來當也不遲。

前行政院長張俊雄也來當更生團契的志工有八年之久，每個月至少有一到兩次，安排他到監所做個別教化或集體布道。他對死刑犯有特別的感動，所以幾乎全臺灣、各看守所被判死刑的，他都看遍了。他會勉勵這些極刑犯，要悔改、要信耶穌，還要真心誠意地向被害人的家屬道歉。即使已經被關在看守所、等候執行，仍然要有好的行為，要與人和睦相處。政府要執行死刑時，希望他們能捐贈器官，回饋社會。還說，到時候如果有什麼遺願，願意全力協助完成。

曾有一個死刑定讞的王姓受刑人，請求張院長找機會打個電話給他的爸爸，因為他爸爸有五年都沒去看他。院長第一次打了電話，沒人接，過幾天，再打，總算接通了。但那位父親只向院長表達謝意，並沒有答應會去監獄探視兒子。院長說，他只有屈膝禱告，不能做什麼。

隔不久，我去探視王姓受刑人時，他非常高興，原來他的爸爸在父親節前夕去看過他了，兩人見了面非常感動，都流下淚水，兒子因過去無知殺死人，讓家人蒙羞，再度向父親表示歉意，父親也表達對孩子的疼惜與關懷。

更生團契擁有最多志工的區域是在屏東，在那裡有很多原住民教會，他們都擅長唱歌跳舞，常到監獄看守所教化受刑人。參與的教會有四十幾間，志工人數至少兩百人。

二〇一八年五月，全臺灣更生團契的志工、同工的靈修會在屏東舉行，約有三百多位志工參加盛會。屏東區會更動員一百位志工參與活動，為的是為其他地區來的人服務。或準備茶水，或清掃場地，或帶領唱歌，或安排參觀監獄等，他們都全力以赴，讓所有的人賓至如歸。

九十六歲才歸回天家的周聯華牧師，曾經是「世界展望會」的終身志工，他是個名牧，曾經是蔣中正總統的家庭牧師，士林官邸的小教會「凱歌堂」都是由他一手包辦。

以周聯華牧師的聲望帶領展望會的其他志工，以致展望會每年的「飢餓三十」關懷非洲難民的活動，都能辦得非常成功，參與的人數破千，募得的款項也上億。周牧師年事已大，其實不用和一般參與盛會的人一起「飢餓三十」（禁食三十個小時），他卻願意和眾人一同感受非洲人飢餓之苦，那種攻克己心的精神，實在令人感佩。

一直到九十六歲那年，周牧師還是照常開車載著同工上陽明山開會。某次會議結束開車下山時，他突感身體不適，他趕緊把車停在路邊，雖然同工馬上送他去醫院，但到醫院時，心臟已停止跳動，他的靈魂也已歸回天家。像他這樣做志工能歡歡喜喜的付出，數十年如一日，做到心臟停止的那天才放手，留下來的風範，讓世人無限懷念。

TIPS

- 當志工是愛心的投資，智慧的抉擇，極大樂趣及享受。
- 待家人照顧好，家事料理好，再當志工也不算太遲。
- 志工雖是個人志願服務，依舊有其倫理與規矩要遵守。

特別收錄

從死囚學到什麼？

- 生命是一片雲霧，濃淡不定，隨時可能就不見！珍惜今天，也要樂於犧牲奉獻！
- 死有輕於鴻毛，重於泰山：有些人對社會了無貢獻，生不如死，活著，一點價值都沒有。

01 與病毒對抗或共存？

二〇二〇年二月初，新冠病毒開始肆虐，恰好我們夫婦前往美國。當時美國僅有一位安養院的老人染疫過世，但隨後 COV-19 疫情急遽惡化，變得無法收拾。

由於 WHO 世界衛生組織誤判情勢，認為這種病毒不會人傳人，也不會嚴重，許多國家因疏於防範，病毒迅速擴散，不久便奪去許多人的生命，全球死亡人數接近七百萬，其中美國疫情最為嚴重，已有超過一百萬人喪生。

身在美國，我親眼目睹每天成百上千的美國人死亡，全球民眾陷入恐慌，對這種病毒的來源和可怕程度感到好奇。

我們夫妻按照美國的規定進行居家隔離，除了購買食物或運動外，不能外出。當時航班暫停，只能滯留在美國，直到五月份疫情稍有緩解，我們才搭機返回台灣。

上飛機時，我們穿著防護衣，戴著口罩和面罩，好像在與病毒進行一場戰鬥。抵達台灣後，不能乘坐公共交通工具，而是搭乘防疫計程車，全身消毒，連行李也要噴藥水。

回到家後，我們立即向里長報到，並在家中隔離檢疫了十四天，每天量體溫，並向當局報告身體狀況。

親戚每天把食物送到門口，等他們離開後，我們才能去拿，手機也要二十四小時保持開機。有一天晚上，太太習慣性地關掉手機準備睡覺，沒想到半夜兩個警察來到，持著槍詢問我們去哪了？

時隔三年，新冠病毒已經變異，變得像感冒一樣，但我們不能掉以輕心。除了與病毒和平共存，我們必須隨時保持警覺，以免再次受害。

02 心得舒服 憂鬱消除

我不知道他從哪裡買到《喜樂良鑰》這本書的！有一天晚上，在教會聚會結束後，一位三十多歲的年輕人興奮地走到我跟前，告訴我說：「牧師，您知道嗎？我把您的書看了四遍，我的憂鬱症都好了！」

我感到又驚又喜，但隨即恭喜他：「真的啊！太棒了！」當初出版這本書的目的只是想讓讀者了解，心中充滿喜樂對健康有極大的幫助，就像服用補藥一樣。

這位患有憂鬱症的年輕人居然有耐心看完我的書，那必定付出了很多心力。我不禁好奇，這本書究竟有何魅力？

在教會講道時，結束後有時會有人對我說：「你今天講的內容對我有感動！」我並不瞭解會眾的背景和需求，如果我的話能碰巧符合他們的需求，那真是太好了！

同時，過去二十多年，我很榮幸在台灣大學楊申語教授的邀請下，每學期在他們的系上教授兩個小時的「科技時代的犯罪防治」通識課程，講述如何避免犯罪行為。有時我也會邀請一些成功的更生者現身說法，讓大學生了解如何遠離吸菸，進而避免滑入吸毒的危險。

因為二者不可分割。抽菸本身就是一種有害健康的行為，雖然抽菸的人不一定會吸毒，但統計顯示，百分之九十七的吸毒者都是從抽菸開始的。因此，若能戒菸，就能永遠與毒品說再見！並使人遠離犯罪和不良習慣，保持健康的心態和生活方式。

03 教授的笑臉 要用畫的嗎？

二〇二三年一月二十三日，美國時代雜誌刊登了一個非常奇特的主題，是為探討「快樂的秘訣」（如所附上圖）。這個報導指出，現代人的快樂感受有所不足，因此一些大學開始推出名為「快樂的秘訣」的課程。為了吸引學生的注意，老師們在上課時甚至要畫笑臉在臉上（如所附下圖）。

我可以根據過去三十多年的經驗，分享以下一些快樂的秘訣：

第一，要感恩

懷著感恩之情，我們的臉上自然會綻放出真摯的微笑，彷彿春風得意。懂得感恩的人心理通常是健康的，他們的喜悅也會感染他人，帶來溫暖的感覺。我們可以在早晨起床後，感恩我們能夠呼吸；感恩我們有食物可吃；感恩我們可以健健康康地外出工作，和同事一起完成工作也是一個值得感恩的時刻。一天中，至少有一百個事情值得我們感恩。

第二，要謙卑

對上司謙恭容易，但對待屬下則需要更多努力。謙卑的人不論身在何處，都會受到歡迎，因為驕傲的人到最後往往會孤立無援。要保持謙卑，我們需要看待自己所擁有的一切，無論是財富、美貌還是地位，都是得來不易的，都是來自機會和命運的。若能深深體會一切都是領受而非個人功勞，我們就能避免自誇，保持謙卑的態度。

第三，要順服

順服就是接受逆境，接受苦難。許多事情起初可能看起來不太理想，但最後的結果卻可能非常好。就像蚌殼內孕育的珍珠，若不經歷疼痛，就不會成為寶貴的珠寶。這裡順服的意思是，當我們面對困難和挑戰時，若把它們視為人生必須的成長課程，相信未來經歷千錘百煉後，自己會變得更加珍貴，那麼內心就會感到踏實，快樂也會自然而然地湧現出來。

04 李宗瑞見李宗瑞

那天，我帶著加州洛杉磯羅蘭崗禮拜堂的十七位短宣隊員，結束了在台灣十二場監獄關懷之旅後，來到了台灣東部海岸的「三仙台風景區」，享受著天氣宜人的海風和舒適的氛圍。其中有一對來自澳洲的基督徒夫妻，他們是移民到澳洲的台灣人，這次回來台灣旅遊。

當我詢問他們住在澳洲哪裡時，他們告訴我是布里斯本。接著我好奇地問：「你們認識一位叫做李宗瑞的牧師嗎？」他們驚訝地回答說：「啊！我們認識！」於是，我將下面的故事與他們分享。

故事是關於台灣的一名年輕富家子弟，名叫李宗瑞，時年二十五歲，因為身家富有，卻涉嫌迷姦和偷拍多名漂亮的女模特兒和藝人，並將影片上傳網路。一時之間，成了媒體爭相報導的焦點，因此被判刑七十九年，合併執行三十年。

這個事件傳到國外，有一天我收到了一封電子郵件，來自布里斯本的一位牧師，和李宗瑞同名同姓。他是早期的移民，特地回台灣，希望能與我一起前往監獄探訪受刑人李宗瑞。

當兩人見面時，李宗瑞牧師遞上自己的名片，受刑人李宗瑞拿著名片仔細端詳，不由得發出心中最深的歎息：「哎！怎麼……差！這！麼！多！」這兩位同姓同名的李宗瑞，卻處於截然不同的境遇。

在寒暄過程中，兩人彼此交換了一些相關資訊，李宗瑞牧師為受刑人李宗瑞禱告，祈求神饒恕他過去所有的犯行，並期望有朝一日他能悔悟，前往神學院學習，成為一名牧師。希望他能改過自新，不再沉溺於酒色，能在社會中重新站起來，成為一個光榮的牧師。

後來，我多次在獄中輔導受刑人李宗瑞。他的英文能力很好，學習能力也很強。我實話實說告訴他，食色性也是人之常情，但不能過度沉迷其中。淫亂行為並不能帶來真正的滿足，反而會傷害到自己和他人，破壞身體和名譽。

若有一天，李宗瑞牧師再度從澳洲回來，與已經成為另一位牧師的受刑人李宗瑞見面，媒體可能不知道該如何報導這個故事？因為它彷彿是一個天方夜譚般的奇蹟。

05 不再讓媽媽操心

由於家庭因素，小季在小學時父母離婚了。而且媽媽工作繁忙，無法照顧他，使得他不知不覺就與不良少年混在一起，打架和吸毒，導致在高中時轉了七所學校，最終總算勉強畢業。但小季並沒有任何謀生技能，只能依靠賣毒維持生計。媽媽為了拯救他，親自去小季的住處找他。

「今天我必須解決你的問題，否則我就不走。」媽媽既傷心又堅持地說。

而小季回答她：「你要是不走，我就一直撞牆，撞到死為止。」說完就真的動作了。

媽媽看到小季如此硬氣又流血了，無奈下最終只能關上門，流淚離開。小季從門縫間看著媽媽疲憊地下樓，感到有些內疚，但他卻仍然繼續吸毒和販毒。不久之後，終於因為持有一級毒品被逮捕而被判了十一年徒刑。

入獄後，媽媽去探視，隔著玻璃窗，母子相見，正是「相對無言惟有淚千行」。知道兒子要關很久，母親潸然淚下。小季看到母親落淚，面有愧色，不禁悲從中來，也流出了「鱷魚的眼淚」。媽媽見狀，趕緊淘出手帕，向前一伸準備為兒子拭淚，但卻碰到了一層厚厚的玻璃，母親愕然縮回手帕。這情景打動了浪子的心。當牧師去監獄看小季，他開始讀聖經，也反省過去的罪行。

在服刑的四分之三時間後，小季獲得假釋，並進入了更生中途之家學習，隨後修讀了四年的神學院。

現在，他已成為一名傳道人，專注於關懷獄中囚友家中的小孩，幫助他們好好學習，培養技能，成為對社會有用的人才！

06 從死囚看生命的意義

我輔導過兩百名死囚，也曾應邀在台北某警察分局，對一些人談死囚輔導的心得。我的結論是，死囚有兩種：

一種，有熱淚，

一種，就是冷血！

有熱淚，卻糊塗：溫錦隆

溫錦隆是我第一個輔導的死囚，犯案時是當年警政署長羅張的警衛。他因為糊里糊塗、不明就裡就將槍支借給高中的同學林宗誠（其為犯案多起的犯罪集團首腦），並提供子彈，也被判死刑。他以為沒有親自參與殺人，應該罪不致於死。所以，他曾向家人要求購買聖經的解經書籍，希望在獄中好好充實自己。我輔導他多次，每次他從舍房出來，走到教誨室，我都會聽到鏗鏘的腳鐐聲，而他手上也一定會拿著一本厚厚的聖經。

但法律是現實的，按照〈動員勘亂時期懲治盜匪條例〉相關嚴刑峻法的規定，結夥搶劫無分主從，一律處死。因此，溫錦隆被判處了死刑。

被槍決前，他寫了一首歌「頌讚我主」，收錄在更生人的詩集裡。他也捐出了一對眼角膜，幫助了兩個盲胞，重見光明。所以，我說他「有熱淚，卻糊塗」。

有熱淚，卻已遲：黑道大哥 劉煥榮

被槍決前，劉煥榮這位曾經的黑道大哥拜託我，有機會向年輕人演講時，一定要幫他說：「我們黑道沒有英雄，英雄在教育界，英雄在警界。」

為什麼？他認為像健康幼稚園的娃娃車事件中，老師林靖娟為了搶救火燒車裡的幼童而犧牲生命，以及警察在警匪槍戰中因維護社會治安而犧牲生命，這些為別人奉獻生命的人才是真正的英雄。

在輔導他的最後一次時，我帶他唱一首基督教名曲：「奇異恩典」。唱完後，他眼裡有淚水。也因此，我才會說「劉煥榮是有熱淚卻已遲的黑道大哥。」

只有冷血：柳彥龍

我第一次看到柳彥龍時，只見他嚼著檳榔，邊聽邊說話，才知道過去竟然是某某派出所的主管！更有甚者，他不止手臂紋身，全身也有。因涉及兩條擄人勒索命案，被判處死刑。死前，神情卻看起來輕鬆，而且內心極其傲慢，我也未曾見他有什麼悔意。

因此，到底他是從警後才紋身？還是之前？我沒有問他，我猜應該是之後，不然，現在連紋身都不能當憲兵，考警專也要身體檢查，怎麼可能通得過！總之，他應該是天生冷血之人。

從死囚學到什麼？

- 生命是一片雲霧，濃淡不定，隨時可能就不見！珍惜今天，也要樂於犧牲奉獻！
- 死有輕於鴻毛，重於泰山：有些人對社會了無貢獻，生不如死，活著，一點價值都沒有。
- 捐贈器官，遺愛人間：在神話KTV放火燒死十六條人命的湯銘雄，因被害人杜花明一家人饒恕他，被槍決前，除了拍下紀錄片〈回家〉，還把全身器官捐贈出來，包括骨骼和皮膚，有四十多人受惠。
- 歹竹出好筍：陳進興被處決後，器捐受贈心臟病患與護士結婚，生了兩個可愛的孩子。陳的兩個兒子也被美國人收養，都成家立業，安份守己。

07 愛那不可愛的

阿林出身寒微，他的爸爸是當年來台度假的美國大兵，但在他出生後不久就離開了，母親無奈之下只能將他帶在身邊。阿林從未見過爸爸的模樣，只知道自己的外貌看起來像個美國人。

六十年前，混血兒在台灣往往會被視為怪物，當時的社會對於混血兒有偏見，和如今的混血兒受到人人喜愛有著天壤之別。阿林所在的環境裡，左鄰右舍都勸告自己的孩子不要與阿林交往，因此他被孤立了，只得與年齡比他大的孩子們一起相處。而由於這樣的情況，他經常被這些大哥哥們利用，去做一些違法的事情。

最終，阿林因為吸毒等罪行，不斷進進出出監獄，被囚禁的歲月共計長達三十三年。

有一次，他到新竹監獄執行刑期，坐在戒護區的中央台等待轉移到囚舍時，剛好見到第一天到監獄上班的某主管。兩人聊了幾句，二十五年後，該主管已經由一線三星升到兩線一星的科員了，而阿林卻仍在新竹監獄內服刑。

主管特別前來向阿林告別，並問了他一個問題：「我們同一天來的，今天我要退休了，你還要關多久？」這話震驚到了阿林，頓時讓他無語問蒼天！

幾年後，阿林申請進入台南明德戒治分監的戒毒班，號稱「天下第一村」，有更生團契的人去關心他。在那裡，他終於伸出手，決心悔改，要緊緊抓住耶穌。

出獄前，他因為在監獄看病而欠下獄方約兩千元的掛號費。監獄建議他寫三封信向三位人借錢繳費，但阿林說：

「自從阿嬤死後，我一個朋友也沒有！」

「如果你真的要我寫，我只能寫給你們三位：科員、主任和主管。」

監獄沒見過如此窘迫的受刑人，錢只能獄方自行吸收了。

出獄後，阿林前往更生團契的中途之家居住。在往後的五年裡，他取得了高中同等學歷、考取了中餐丙級證照，並完成了生活輔導員的課程，獲得了相關證書。接著，他成為更生團契的輔導員，積極回饋社會，幫助那些需要幫助的人。

曾經，阿林的生活中總是充滿牢籠的影子，最快一個月就得再度回到監獄，最慢時甚至一年都難逃牢獄之苦。而如今的他，過著平和的生活，這是他一生從未體驗過的「平安喜樂」。

「更生團契」堅信信仰的力量，能使在黑暗中浮沉的人邁向光明。目前全臺共有十六個區會，加上臺北與臺中更生團契，有將近八十位全職駐監牧師與同工，及數百位志工投入監獄工作服務。期待達成「區區有家、監監有牧、人人有業」的目標。

1.犯罪預防

- 用愛拉拔，照顧邊緣少年
- 向下紮根，中小學犯罪預防宣導
- 天使樹活動，送聖誕禮物給受刑人家中的小孩

2.犯罪矯正

- 進入獄中，教化在監受刑人
- 持恆關懷，並跟進栽培
- 服務受刑人及更生人家屬
- 獄後追蹤，輔導更生人進入社會

3.犯罪修復

- 療傷止痛，與哀哭的人同哀哭
- 協助走出陰霾的扶持與帶領
- 促進和睦，化解冤仇與兩造和好

財團法人基督教更生團契

郵政劃撥帳號：10133005
戶名：財團法人基督教更生團契
電話：02-25368846
傳真：02-25628633
E-mail：pf.twn@msa.hinet.net

認識更多

悅讀健康系列 HD3147X

翻新生命

建構幸福、轉化困境的 43 帖良方

本書為《喜樂良鑰：暫停焦慮，勝過苦楚，
活出健康的超幸福漸進式》一書增訂版

國家圖書館出版品預行編目資料

翻新生命：建構幸福、轉化困境的 43 帖良方 / 黃明鎮作 . -- 二版 . -- 臺北市：原水文化，城邦文化事業股份有限公司出版：英屬蓋曼群島商家庭傳媒股份有限公司城邦分公司發行，2023.08
面； 公分
ISBN 978-626-7268-53-7(平裝)

1. 修身 2. 生活指導

192.1 112012896

作　者／黃明鎮
選　書／林小鈴
主　編／梁志君

行銷經理／王維君
業務經理／羅越華
總 編 輯／林小鈴
發 行 人／何飛鵬
出　版／原水文化
台北市民生東路二段 141 號 8 樓
電話：02-2500-7008　傳真：02-2502-7676
E-mail：H2O@cite.com.tw　FB 粉絲團：搜尋「原水健康相談室」
發　行／英屬蓋曼群島商家庭傳媒股份有限公司城邦分公司
台北市中山區民生東路二段 141 號 2 樓
書虫客服服務專線：02-25007718；02-25007719
24 小時傳真專線：02-25001990；02-25001991
服務時間：週一至週五上午 09:30-12:00；下午 13:30-17:00
讀者服務信箱 E-mail：service@readingclub.com.tw
劃撥帳號／ 19863813　戶名：書虫股份有限公司
香港發行／城邦（香港）出版集團有限公司
香港灣仔駱克道 193 號東超商業中心 1 樓
電話：（852）2508-6231　傳真：（852）2578-9337
電郵：hkcite@biznetvigator.com
馬新發行／城邦（馬新）出版集團
41, Jalan Radin Anum, Bandar Baru Sri Petaling,
57000 Kuala Lumpur, Malaysia.
電話：603-905-63833　傳真：603- 905-76622
電郵：service@cite.my

城邦讀書花園
www.cite.com.tw

封面設計／劉麗雪
內頁設計、排版／吳欣樺、劉麗雪
製版印刷／卡樂彩色製版印刷有限公司
初版 1 刷／ 2018 年 9 月 18 日
二版 1 刷／ 2023 年 8 月 17 日
定價／ 350 元
ISBN 978-626-7268-53-7（平裝）
ISBN 978-626-7268-55-1（EPUB）